MACHT IN
DER MITTE

帝国与国际法 译丛

主办单位

北京大学国家法治战略研究院

译 丛 主 编

孔元 ｜ 陈一峰

译 丛 编 委

（按汉语拼音排序）

强世功 ｜ 汪晖 ｜ 殷之光 ｜ 章永乐

安妮·奥福德	安妮·彼得斯	本尼迪克特·金斯伯里	大卫·阿米蒂奇
Anne Orford	Anne Peters	Benedict Kingsbury	David Armitage

邓肯·贝尔	马蒂·科斯肯涅米	帕尔·弗兰格	托尼·卡蒂	詹尼弗·皮茨
Duncan Bell	Martti Koskenniemi	Pål Wrange	Tony Carty	Jennifer Pitts

执中之权

德国在欧洲的新使命

帝国与国际法译★丛

[德] 赫弗里德·明克勒 著
HERFRIED MÜNKLER
李柯 译

当代世界出版社
THE CONTEMPORARY WORLD PRESS

Macht in der Mitte: Die neuen Aufgaben Deutschlands in Europa
by Herfried Münkler
Copyright © edition Köber-Stiftung, Hamburg 2013
Simplified Chinese translation copyright © 2022 by The Contemporary World Press
ALL RIGHTS RESERVED
版权登记号：图字：01-2021-6853 号

图书在版编目（CIP）数据

执中之权：德国在欧洲的新使命／（德）赫弗里德·明克勒著；李柯译. -- 北京：当代世界出版社，2022.1
ISBN 978-7-5090-1640-4

Ⅰ.①执… Ⅱ.①赫… ②李… Ⅲ.①对外政策-研究-德国 Ⅳ.①D851.60

中国版本图书馆 CIP 数据核字（2021）第 232414 号

书　　名：	执中之权：德国在欧洲的新使命
出版发行：	当代世界出版社
地　　址：	北京市东城区地安门东大街 70-9 号
网　　址：	http://www.worldpress.org.cn
邮　　箱：	ddsjchubanshe@163.com
编务电话：	(010) 83907528
发行电话：	(010) 83908410
经　　销：	新华书店
印　　刷：	北京中科印刷有限公司
开　　本：	889 毫米×1092 毫米　1/32
印　　张：	5.75
字　　数：	97 千字
版　　次：	2022 年 1 月第 1 版
印　　次：	2022 年 1 月第 1 次
书　　号：	978-7-5090-1640-4
定　　价：	59.00 元

如发现印装质量问题，请与承印厂联系调换。
版权所有，翻印必究；未经许可，不得转载！

中文版前言

对一个国家或社会进行探究，可以从时间的角度入手，但也必须考虑到空间因素。前者是历史学家的职责所系，后者为地理学家专擅。这两个学科很少进行富有成效的合作，因为它们都酸眉醋眼地护着自己的领地和独特卖点。但是，唯有通过两者合作，才能够对一个国家面临的政治挑战与机遇、误判与失败，以及成功研究透彻。仅看历史，就低估了地理决定因素的重要性；仅看地理，就忽略了空间本身的意义会随着政局变动、经济发展和技术革新而变化这一事实。地理一旦进入地缘政治学，就不再是脱离历史变化约束的恒定因素。同样，政治史的演变与其说是恣意的，莫如说是为长存的地理格局所圈定。我们考察历史流变中的德国政治局势，要时间和空间共思并重。德国的居中位置是此处频频出现的关键词。这是贯穿德国历史的一条

I

红线。

德国拥有许多邻国，起码比位于地缘政治边缘地带的国家所拥有的多得多，是导致上述居中地位的一个原因。在文化启迪和经济交往方面，它可能是很大的优势，但如果至少有两边的邻居已成敌人，它也可能成为安全上的隐患。在这重意义上，德国国防政策的主导思想曾一直是两线作战。认为可以通过预防性战争来压制空间上的威胁，已然是德国有史以来最具灾难性的想象之一。自19世纪初以来，德国之所以比其邻国更加频繁地考虑发动预防性战争，首先就要归罪于它的居中处境，以及隐藏于这一处境中的暗示，即必须占据先机、先发制人。在政治上，居中大国总是面临巨大的时间压力，外围大国的时间相对来说更为充裕。

我通过德国的例子、通过其坎坷历史描述的"执中之权"的境遇是范式性的。它可以谨慎地适用于其他地缘政治空间，如东亚，特别是中国——中国被称作"中心的帝国"（Reich in der Mitte）并非偶然。这一范式应用在中东或中部非洲的局势上也行得通。当然我们需要小心，不要错误地认为，从特定局势中提炼出来的地缘政治分析模型套用在历史迥异的其他空间上也会得出一致的结论。相反，在这种套用中，如同在每一个比较当中，既能够观察到相似性，也能够观察到差异性，两者共同构成了政治理论上比较分析的结论。只看到差异的人，从比较当中几乎学不到什么，因为他们走不出自身历史独特性的藩篱。另一方面，只看到相似之处的人很容易陷入一种想当然，认为存在某种由他人的错误和成功拼凑成的路线图似的东西，自己搞政治的时候扬长避短循之即可。然而，这样的路线图并不存在，也不可能存在。

因此，对两种居中位置进行比较，也许更多是激励人们对自身政治活动中或真实、或想象的选择进行批判性反思。如果这种比较的效果很好，那么它就可以用于指导批判性反思。在比较中德两国的居中位置之时，人们应始终牢记它们与其邻国在规模和分量上的对比的差异。德国充其量只是在与单个邻国的关系中占有相对优势，在面对更大些的联合时，它从来不占优，而中国只要不分裂为相互竞争乃至相互斗争的多个部分，那么它的优势在面对数个邻国结成的联盟时仍非常明显。略去上述差异的话，我们可以看到，该场景揭示了中心在结构上的一个共性，即它将承受不同侧面的影响，如果人们愿意，可以用"既从右到左，又自上而下"来形容这种影响。这些影响一旦不仅表现为外部威胁，而且还在执中之权的内部空间取得共鸣，那么就会导致离心力的膨胀。德国历史中一再上演这种情况：莱茵河沿岸地区大多与法国走得较近，巴黎的政治动态让它们感同身受；易北河以东地区倾向俄国，靠拢那里的政治。相应地，德国西部更自由，东部则大多保守，这既体现在政治秩序上面，也体现在心态和生活方式上面。北德与斯堪的纳维亚半岛以及英国关系密切，南德更亲近法国、意大利和东南欧。这或许有益于提高文化多样性和经济活力，但也可能导致政治分裂和软弱。居中，在政治上并不是一种舒适的情况。

进入海洋的机会有限，是中心位置的又一项特质。哪里的入海通道便利，哪里就会产生对海洋的向往，从而可能导致中心地位的迅速瓦解。这也可以看作全球视角对陆地视角的侵犯，而陆地视角本质上是以政治边界为特征的。执中之权必须从心智上、经济上和政治上挺过这一挑战。回顾历史，德国当时的政治应对是失败的，在直面危机时卷入了第一次世界大战，引发了整个欧洲20世纪的"原始灾难"（Urkatastrophe）。我在别处详尽探讨过该主题，请参阅我关于第一次世界大战研究的两卷中译本。

此外，对于一个位居中央的大国来说，疏远海洋、仅仅依靠陆上贸易路线，在工业化之初就已不再是个有吸引力的选择。经济交通的中心此后一直在世界大洋之上，缺席者在全球经济中只能扮演次要角色。随着工业化的进展，德国开始有了出海的冲动，并建立了可观的商船队和海军舰队，而在此前的德国历史上，出海更多是一种边缘现象。中国也有这样的经验，它大部分时间都远离海洋，直至1980年代经济起飞。从地理上看，拥抱海洋也会导致中心的位置发生偏移。对其中的机遇和风险加以审视，肯定是值得的。这本小书能为此提供一些思索和提示。

赫弗里德·明克勒
于柏林
2021年10月

目 录

I | 中文版前言

1 | 导 言

7 | 第一章 外缘、内界和新中心：德国在欧洲的作用

    欧洲计划中的政治悖论 7

    欧洲模糊的外部边界 13

    欧洲内部的分界线和分裂线 15

    "加洛林欧洲"和欧洲的数轮扩张 19

    欧洲中心：1990年后的德国 25

    权力类型问题、美国撤出欧洲和地缘政治局势 30

39 | 第二章 政治文化地理学：欧洲外部边界和欧洲的中心

    欧亚边界 39

    东方问题和地中海地区 44

    欧洲的地理偏心性 48

    以耶路撒冷为中心的救赎史想象 53

    转向权力政治：承压的中心与发难的侧翼 56

    权力政治中心的思想武装 61

　　　　中心消失于集团性对抗 64
　　　　地缘政治与价值约束之间的中间地带 68
　　　　两次世界大战中的欧洲地缘政治中心 70
　　　　1945年后"西方"的地缘政治指导思想 75
　　　　阵营对峙的终结和欧洲东缘的新问题 78

83 | 第三章　德国在欧洲：从中心到边缘，再回到中心
　　　　欧洲的帝国分割和信仰分裂简史 83
　　　　三十年战争是"中心"的一场灾难 91
　　　　弱中心与强中心 93
　　　　德国人未能应对中心面临的挑战 100

105 | 第四章　执中之权：德国政治的新挑战和旧弱点
　　　　欧洲计划的政治化悖论和强中心需求 105
　　　　德国人应从历史中学到什么 112
　　　　美国从欧洲撤离导致对中心的重估 114
　　　　"执中之权"的安全政策指针 118
　　　　规范准则和政治审慎 122
　　　　持中政治：在克制与犹豫、深谋与软弱之间 125
　　　　德国的三大战略弱点 127
　　　　"弱势霸主"作为欧洲中心问题的解决之道 133
　　　　"执中之权"的两大问题域 137
　　　　权力类型的组合 142

148 | 参考文献

导 言

本书不讨论欧洲主权债务危机和如何安然度过该危机，不涉及布鲁塞尔官僚机构及其繁文缛节，和欧盟颇受诟病的民主赤字问题也并不相关。关于上述主题，近几年来人们已有不少议论，也有许多论著（比如 Enzensberger, 2011），我对此难以有所补充。本书更关注欧盟的内部状况，即成员国之间的紧张和联盟面临的分裂威胁。今日不同以往，较之历史上的东西部关系，欧洲现在更难处理的是其南北方关系。本书的问题是：欧洲如何才能团结起来？德国作为执中之权，在里面起什么作用？

经过四分之一个世纪，德国已经从冷战时期的一个前线国家，或者更准确地说是从两个前线国家，成为欧盟空间之中心的一个大国，成为在其历史上第一次与所有邻国建立起友好关系的这样一个国家，并从容地享受着人们已经习惯的"和平红利"。仅从"和平红利"这一用语就可以看出，大众政治舆论对所谓正常状态或常规状态的认识仍和先前一样，是某种与邻国或隐或显的关系紧张的状态，或是一种难以名状的为威胁所笼罩的状态,在这种情况下,军事目的会占用大量资源,而如果并不处在这种情况之下,就会积累起额外的红利。这些红利会直接提高景气指数,一般也都会被直接消费掉。德国坐享和平红利已经20多年了,我们还想当然地认为,这个状态会一直保持下去。然而,要实现这一期待,关键取决于执中之权,这是本书接下来要展开论述的。这个角色有责任将欧洲团结在一起,抵制不断产生的离心力,消除利益分歧,调适平衡进程。这需要政治上的高瞻远瞩和机敏洞察,有时要做出决断,更多地是要富于耐心和定力。政治总会出错,但执中之权是最不能承受政治错误的角色。这也是本书所说的"执中之权"的决定性特征之一:与政治领域所有其他行为者相比,它对错误的容忍度较低。

因此,执中之权不仅仅是一个单纯的地理称谓。它是一种政治地位,身居此位,在提升影响力的同时,责任也相应地更大了;权力更大了,义务相应地也增加了。这个位置与"和平红利"一词所暗示的东西迥然不同,它不是指人们可以不断消费的那种空间上的有利形势和时间上的幸运境况;相反,为了维持这些框架性条件,必须不断加以投入。德国公众的政治思维恰恰欠缺对这一点的充分意识,反而普遍认为,人们可以怡然享用"居中"的地位，而且人们越是对周边问题避而远之，就越是这么看。麻烦是实际情况不能如人所愿：南欧国家不但缺乏竞争力，还负债累累；俄罗斯-乌克兰危机（以下称"俄乌危机"）和黎凡特战争在欧洲边缘地区爆发，欧洲人被迫直面其冲击。显而易见，为了限制离心力和维护欧洲在全球经济中的地位，欧洲人迫切需要改变上述偷闲躲静的想法。执中之权必须做出长期努力，使以它为中心的那个政治经济空间保持平衡，并抵御危机自边缘地带的侵入。这是执中之权的另一个决定性特征。这些任务意味着什么，以及如何完成它，我将在下文中予以描述和分析。

德意志联邦共和国在政治欧洲中占据执中之权的地位，是过去20年间发展变化的结果（Ergebnis），但这些变化罕有一种能马上使人记起来的事件（Ereignis）的性质。首先是两轮入盟之后欧盟东扩，这令德国成为政治欧洲的地理中心。但如果不是美国与此同时逐步从欧洲安全事务中抽身的话，成为地理中心这件事本身没有太大意义。美国在政治和军事上撤离欧洲，结果把欧洲的地理中心变成了地缘政治中心。形势的发展等于警铃大作，因为在历史上，德国已经多次身处这样一个地缘政治中心，大体而言，这无论对其自身还是对整个欧洲地区都不是什么好事。所以，要谈执中之权，就不可能不对欧洲历史和地缘政治的理论与实践进行长时段考察。这也将是下面章节的主题。

冷战的集团对抗步入终结之后，偶见有人主张，经过长期缺席，欧洲现在将重新崛起为世界强权，扮演与之相称的角色（Sloterdijk, 1994）。然而不仅这种情况没有产生，人们甚至还可以认为，欧洲并没有改变其拒绝扮演全球超级权力角色的态度（Sheehan, 2008: 241ff.）。欧洲人必须全力以赴的是确保其周边地带的政治稳定和社会稳定，而且将不得不比早先预计的还要更快、更好地实现这一目标。然则来自周边的挑战对欧盟成员国的影响在程度和方式上都是不同的，所以让整个欧洲采取共同行动远非理所当然。仅仅基于这点理由，执中之权就面临着把欧洲人聚拢到同一条线上来的重大任务，它须保证当成员国在遭受特殊而非普遍的外部威胁时，整个欧洲还能团结一致。唯有如此，欧盟才能作为一个区域性的秩序力量登台亮相。如果政治上组织起来的欧洲今后不想土崩瓦解，那么它必须直面这个任务。区域性秩序力量的作用与世界大国的作用不同，但随着美国实力的相对下降，21世纪的世界秩序很可能是这样的结果：多个区域秩序力量以部门形式存在于联合国之下，美国的世界警察角色——使冲突不至于升级，如果不能结束战争，也要将其限制在区域内部——登场得不如过去那么频繁。德国作为欧洲的执中之权，在此也要发挥重要作用。

在1990年代，人们对政治"中心"及其对欧洲的意义已经有了初步思考（Schmierer, 1996: 156），不过关于中心在欧洲内部占多大的政治分量，以及中心对于欧盟的凝聚有什么价值，仍然不甚明了。当时人们并未预料到，或并未充分预料到欧盟近年来所面临的问题和动荡。如果从六七十年代"小欧洲"的发展趋势来推演的话，人们充其量也就是对加速发展之后会出现停滞阶段具有心理准备，因为往常也屡屡发生这种情况，但要说会遇到挫折乃至解体的威胁，则是不可想象的。因此，人们对于执中之权的作用也缺乏思考。

执中之权的出场可被理解为"欧洲合众国"缺位的直接后果。有些观察家对欧洲合众国抱有期待，认为它至少在有些时候是一个可欲的政治发展目标（例如Habermas, 2011: 48ff），但这个欧洲合众国并没有出现，而且与观察家们的愿望相悖，将来它大概也不会出现。原因是多重的：一方面，欧洲内部有着不同的政治传统以及相应不同的集体记忆，这使得民族国家模式仍在延续；另一方面，社会结构存在分化和差异。和美洲合众国不同，欧洲各国人民强烈期待由国家来规制和管控这些结构性分化和差异。应当指出的是，自2008年以来，不仅欧洲社会经济暂时性的集中和趋同进程陷入了停滞

（Hüther，2014：253），在欧盟的南欧成员国发生财政和经济危机后，分化和差异甚至还再次扩大了。与此同时，英国人想要索回已经移交给共同体的权力，所以他们正在谋求修订共同化进程。总而言之，离心力越来越大。要想在一定程度上制约离心力，就需要执中之权的平衡与协调，亦即向心之力。

因此，一个执中之权——不仅因其在地理上居中——的出现，是欧洲一体化进程停滞不前、暂时也不太可能重启的结果。不宁唯是，鉴于希腊和英国以不同方式产生的离心力，欧洲一体化要保持现已实现的水平和当前规模甚至都实属不易。右翼和左翼民粹主义政党在所有欧盟成员国都已崛起，它们通过激烈反对一体化计划的纽带相互串联，这是欧洲计划已陷入困境的明白无误的标志。所以在未来，执中之权的作用将更大、更重要。对于德国作为（暂时的?）执中之权掌有者的政治思考，现在才刚刚开始。本书旨在对有关辩论做出贡献。

第一章

外缘、内界和新中心：
德国在欧洲的作用

欧洲计划中的政治悖论

大型计划往往会诱发自相矛盾的效应。近几十年来为强化欧洲及其内部统一的一些措施就是这样，例如引入单一货币和欧洲议会直选，它们造成的是反效果，非但没有加强凝聚力，反而加强了离心力；非但没有实现欧洲各国政府之间更为紧密合作的预期，反而导致了更多的纷争、更多的相互指责以及民族偏见的抬头，而这些偏见曾被认为早就消失和被人遗忘了。

欧元本该不仅加强欧洲的经济一体化，促进交易便利，终结德国马克乃至德国联邦银行在欧洲的主导地位，甚至应该成为统一欧洲的一个象征，因为它在人们的日常生活中发挥着核心作用,把德国人、法国人、西班牙人、意大利人、希腊人等都变成了欧洲人。欧元本应为促进民族认同之外的欧洲认同做出贡献,而欧洲认同要比欧洲主要领导人在庆典活动和颁奖仪式上——这些庆典和仪式的重心多半是他们自己——的口头保证更靠得住。通过直接选举进入欧洲议会的议员们,替代了国家议会按党派比例派出的代表,这也本应强化欧洲人休戚与共的感觉和欧洲认同,并成为欧洲民主化的重要一步。但事与愿违。

至迟从2010年欧洲财政危机,也就是一般所说的欧债危机以来,欧元使离心力变得更强了。欧洲内部目前的差异和对立比欧元推出前还更加明显。民族间的怨恨和厌恶情绪已经前所未有地愈演愈烈(Geppert, 2013: 67ff.),欧洲议会议员直选在让选民能够直接表达对欧洲政治议题和前景的看法同时,还令批评欧洲甚至敌视欧洲的政党戏剧性地大量涌入欧洲议会。此外,公民对欧洲议会选举的参与度也一直在不断下降。或许不无争论的是,是不是从长远来看,与其允许反欧派的代表在布鲁塞尔和斯特拉斯堡登台亮相,还不如让他们继续隐身不露面得好,因为这样一来,推进欧洲计划的辩论就能在属于"欧洲"的这两个地方继续展开了。原则上讲,这可能是对的。然而,选民投票率的持续下降表明,

第一章 外缘、内界和新中心：德国在欧洲的作用

欧洲议会并不是政治分歧之间决出胜负的关键所在。疑欧派和反欧派在斯特拉斯堡和布鲁塞尔的存在，以及对这些政党的财政供养，最终产生了提高它们在其本国知名度的效果，并大大增加了民粹主义政党在本国议会中的代表份额（Fieschi/Morris/Caballero, 2013）。将欧洲从精英计划变成全民项目的设想，产生了大量意想不到的副作用和负面影响，以至于现在有人追问，这种转变是否会令欧洲在政治和经济一体化道路上迄今取得的成就受到质疑，并危及整个计划。不得不承认，今天的欧洲受其公民的珍视程度，比起欧洲直选和欧元出台之前要差得多。

推动欧洲计划向前发展的政治和经济精英们将该计划的进展想象成一个线性过程，认为它可能会出现阶段性放缓的情况，甚至也可能停滞，但对于挫折，而且还是作为欧洲一体化进展之直接后果的挫折，他们没有预判。2005年夏天，法国和荷兰的公民投票拒绝了欧洲宪法条约，而推行该条约的目的是为了赋予欧洲计划一个共同的宪法。这不仅仅是一记警钟而已，它可能意味着通向欧洲联邦国家之路的终结，也可能意味着一种介于国家联盟和联邦制国家之间中间阶段的建立。在某些人比如吕贝（Hermann Lübbe, 1994）眼中，与其说这是失败，不如说是跟错误的道路分道扬镳。不过，欧洲掌权的政治家却大都把这两次公投结果看成警报，把《宪法

条约》在两个欧共体创始成员国公投中的失败降格为单纯的政绩问题，似乎只要更好地沟通，更努力一些以赢得人民认可，那么它就可被公投接受。但是他们不敢按照常见的做法把稍作修改的宪法条约交给法国民众和荷兰民众进行第二次表决，而是退回了将这类条约交由政治精英们谈判的程序。可以认为，从欧洲计划中终将诞生一个欧洲国家的主意已经破产。无论欧洲的宪法采何种形式，它都仍将是一个民族国家的集合体（Koslowski/Brague, 1997），这些民族国家都重视其国家性的政治外壳。相应地，民族国家将继续在欧洲发挥决定性作用。

把全面民主化计划的政治失败解释为宣传不足和表现不佳的做法十分清楚地表明，人们并不理解欧洲计划从精英转向大众过程中遭遇了怎样的政治挑战。大众计划被想象成精英计划的延续，它要定期取得公民同意，实际上它又已经预设了公民会同意。精英们希望弥补欧洲政治组织的民主正当性缺失，又不想放弃对一体化进程的主导和控制，毕竟他们认为自己知道下一步该怎么走，知道什么对欧洲人来说是最好的。我称之为民主化悖论。如前所述，大型政治项目有时会产生悖论效应，或者不会按照线性方式去发展，这里的民主化悖论就是对上述论断的具体化和特殊化。越想把深入改革带上正轨，这种悖论就出现得越频繁。政治精英对如何发

第一章 外缘、内界和新中心：德国在欧洲的作用

展有明确的想法，用行话来表述乃是"大计已定"，同时，由于引入民主程序是一种应然，所以精英们希望在方向确定之后得到公民的同意。当然，这种同意除了是对既定路线加以确认之外，不该是别的什么东西。用富于画面感的话来说便是——火车安然驶过了困难的路程点，乘客们都应报以掌声。

在以往的欧洲一体化进程中，民众一般只有通过政治代表才能发言，但就制宪事务而论，在某些国家需要直接征求人民的意见。欧洲制宪在两个被认为没有问题的国家，也因此率先进行表决的国家那里，很显然失败了。向外输出正当性的程序没有转化为向内输入正当性的程序，是对此事件的政治理论式的表达。更直白地说，无论过去还是现在，欧洲一体化都属于非常复杂的过程，不可能既引导控制它，又同时让民众参与进来。一旦这样，既定路线就存在被欧洲部分民众改变的风险，更有甚者，可能有些人想往右转，有些人想往左转，以至于一旦民众接管了驾驶，火车就会脱轨。此外，如果要让民众长期参与，欧洲列车的行驶速度也将比过去慢得多。所以在《宪法条约》失败后，《里斯本条约》的谈判是在政府层面上进行的，而且它的生效也未经公民投票（Fuest u. a., 2008）。亦即欧洲一体化的线性前进享有优先地位，不应受到民主介入所带来的中断、转向甚至倒退等风险的影响。全球经济

和区域政治的挑战令人别无选择，通常是对上述立场一锤定音的辩护。无从选择，唯有决断和发展——这个与民主理论难以相容的论断，早在默克尔将其引入德国政治论证之前，就已经在欧洲层面长期发挥影响了。

相形之下，在革命性变革的过程中，不会出现通过精英决策来弥补民主正当性短板的悖论。一方面，因为革命性变革打破了线性发展的假设，另一方面是因为原本控制和引导着过渡进程的精英们失去了权力的操纵杆。如果把革命一般地理解为政治和社会秩序一场代价高昂、旷日持久的改革，那么上述悖论可以算作避免革命的代价。作为一项政治计划的"欧洲"迄今为止没有发生过革命动荡，今后也必须在没有动荡的情况下推进，如此方能成功地继续下去。以目前的形式，欧洲共同体无法挺过革命性动荡。为了避免动荡，它寻求获得民主正当性，但在这么做时跨度不能太大，不能让民主的影响具备彻底变革（等于革命）的性质。这就是"民主化悖论"的含义，也是美国与政治上组织起来的欧洲的发家史之间的根本区别。在一场既是资产阶级革命又是反殖民革命的斗争中，美国挣脱了大英帝国的羁绊，走过漫长的立宪之路，为自己制定了新的政治秩序。美国还经历了一场分裂战争，两种社会经济秩序模式在这场战争中交火，北方的秩序最后在战场上战胜了南方的秩序。类似的进程在欧洲不可想象，欧洲也无从承受。出于这个原因，以美国宪政为导向来进一步推进欧洲计划的想法，正如亲欧派知识分子反复建议的那样（最近一次是哈贝马斯在 2013 年），也是荒谬的。

欧洲模糊的外部边界

因为欧洲组织不可能在一张政治白板上新建起来，也因为多样性正是欧洲本身的动力所在，欧洲不可能与之前的民族国家历史或多元国家体系革命性决裂（Jones, 1991）。更确切地说，对欧洲进行革命性重塑得不到最起码的政治支持，所以欧洲组织必须学会处理其发展过程中一再出现的悖论性问题。这些悖论首先涉及如下事实：欧洲是一个地理上边界不明确的大陆，或者说地理边界划分的意义在历史演进过程中始终变动不居。在政治上组织起来的欧洲必须确定自己的边界，然而，据以设定这些边界的标准在政治上是有争议的。地理学不能给出明确的指标，抑或地理学的指标总是被历史印迹和文化上的对立意见所左右。边界因此是一个未定问题。诸如所谓欧洲认同之类的东西，在此是否应为决定性因素？如果是的话，这种欧洲认同的具体特征都有哪些？它们是否具有宗教性质，例如"基督教西方国家"想象意义上的宗教性质（Faber, 1979）？或者说，它们是不是在文化类型上带有古典教育的强烈印记，所以无论如何都要把作为欧洲人文教育发源地的古希腊纳入进来（Cobett, 2010; Jaeckle, 1988: 46-79）？又或者说它们更具地理性质？根据地理性质，欧洲的自然边界是北大西洋和地中海，其东部与亚洲的分界则在顿河或伏尔加河一线（Gollwitzer, 1964）？抑或应当根据政治文化的准则来界定，而根据这些准则，民主宪法和活跃的公民社会是加入欧洲的必要条件（Siedentop, 2002）？在最后一种情况下，曾经的欧盟成员国可因何种违反行为而被开除出去？

不过，无论是根据地理、宗教还是宗派和政治文化，甚或对古典时代及其文化传承的追溯，都不能划定明确的边界关系。而且更麻烦的是，这些由自然、文化或宗教所决定的边界，没有一个能与欧洲的政治组织自南扩、北扩和东扩以来实际拥有的边界相吻合。不论使上述哪一种方案具有约束力，大多数情况下都相当于把欧盟的一些成员排除在外，从而导致欧盟的萎缩，或者在某些情况下，相当于进行了一轮新的大规模扩张。而这两种情况都会对欧洲组织的存续构成威胁。此外，也很难想象共同体中的足够多数能就这些地理、文化或宗教领域中的任何一个问题达成一致，更别提全体一致了。不支持按照宗教/信仰来划界的一个理由是，就算使其具有约束力，欧盟内部也不会由此产生一个基于身份认同的空间。近几十年来的移民，还有宗教的重要性自欧洲启蒙以来越来越弱，都构成了对这种同质空间的阻碍（Kallscheuer, 1996）。况且宗教的包容力不足，排斥性太强，欧洲不能按照宗教文化的指导思想进行重绘及制定政治秩序，否则也有悖于联盟在政治和道义上的自我理解。与宗教相反，文化教育上的联系只代表一种散漫的包容性，通过援引文化印记和古典教育所划定的边界是社会性的，而不是政治性的；它们在欧洲内部造成社会分裂的能力将强于它们划定外部边界的能力。人们可以通过将宗教和文化的边界历史化来避免这个难题，即将这种边界限定在某一时段或某一时代内，并加上关键日期的规定。由于这些边界线都是过去式，欧洲的身份认同绝无可能从中产生。除此之外可以肯定的是，在欧洲，对于具有约束力的时间段或文化分界究竟截止于何时，不存在任何共识。

欧洲内部的分界线和分裂线

求助于地理、文化或宗教历史，并不能给找寻欧洲外部边界提供可靠的、明确的指引，但它们可以提示在将要做出的政治决定中必须考虑或应该考虑到哪些因素。审视欧洲所处空间的地理性质及其文化和历史，会发现一些路标和警告标志，不过也仅此而已，是否遵循这些指引，以及在多大程度上遵循它们，必须由政治家做出决定。如果政治家准备遵循之，则必须决定如何权衡这些相互矛盾和对立的信号。出于这个原因，下一章将研究和讨论的边界划分建议不仅涉及欧洲的外部边界，也涵盖贯穿欧洲内部的分界线和分裂线。实际上，这类分界线和分裂线不胜枚举，对于欧洲组织来说，它所面临的另一个挑战就是如何把外部边界划分置于比内部分界线更重要的位置上。首先是西欧、中欧和东欧的区分。这些空间各有各的历史和文化、宗教印记（Szücs, 2014），而它们又与持续了四十多年的欧洲东西方划分及其文化和意识形态上高筑的壁垒相重叠。然后是北欧和南欧的区别（Henningsen, 1993）。位于两者之间的中部地区实际上不构成一个话题，这个"夹在中间的一块东西"必须选择自己是属于北边的欧洲还是南边的欧洲。关于欧元解体为北方货币和南方货币的可能性，最近爆发了激烈的争论，但这些围绕北/南之分的争论并没有把某个连接或斡旋的中间点纳入考量。事实上，这一问题也不会给中间地带留下余地。

继科耶夫（Alexandre Kojève）提出"拉丁欧洲"

理念之后，阿甘本（Giorgio Agamben）也提出了类似的构思。阿甘本声称，拉丁欧洲必须树立自己的旗帜，反对目前德国-英国的经济支配地位（Agamben,2013）。这样一来，产生于16世纪的天主教与新教之间的旧分界线就被重新激活了，欧洲的罗曼人与日耳曼人之间的区分也被重新激活。这种区分是兰克（Leopold von Ranke）15世纪到16世纪之交欧洲史书写（1824）的基础。20世纪初，随着斯拉夫诸民族的卷入，进一步的分界线由此产生，一些德国学者视之为欧洲内部争夺世界统治权的对峙线。人们有必要细细品味阿甘本在这场辩论中所做的贡献：在19世纪末由民族学家和人种学家引入的日耳曼欧洲和斯拉夫欧洲之间的分界线似乎终于被克服之后，文化研究找到了替代品，给注定要崩裂的环节替换上罗曼-日耳曼分界线，在欧洲内部宣告了"文明的冲突"。

纵然欧洲的诸多分裂线和对峙线在20世纪下半叶失去了政治活力，但正如阿甘本及其追随者的例子所表明的那样，当欧洲内部出现相应的问题时，也不能排除这些界线有重新现实化和政治化的可能。欧洲主权债务危机已经成为这种政治上再现实化的导火索。阿甘本为了打破德国人在欧洲的经济霸主地位，在其2013年3月的文章中设计了一个由法国、意大利和西班牙主导的欧洲。在此，德国人被轻率地同荷兰人、英国人和斯堪的纳维亚人归到一类去了。这是一种给北方欧元/南方欧元的强势/弱势对比的财政技术观点打上政治-文化印记的尝试,它不再按照经济强弱进行分类,并使"弱者"承受相应的改革压力,而是宣称文化对立不能通过努力调适来加以消除。阿甘本的文章引发了共鸣,这表明,欧洲旧有的分裂线可能虽已淡化,但绝没有消失,可以在任何时候被怀抱兴趣的有关知识分子和政论家激活。他们在这方面的成功显然取决于各自原籍国的经济状况,也取决于德国的地位,毕竟德国仍然适合以敌人的形象出现,适合扮演承担全部责任的替罪羊。

此外,外部挑战存在与否,也是重新激活欧洲内部既往分裂线和对峙线的重要因素。坦白地讲,在一个专注于自身事务而未受外界逼迫的欧洲,旧有分裂和对峙再度爆发的风险最大。这并不意味着,也不应意味着欧洲组织只有在受到来自外部的挑战和威胁时才会发挥作用,但它确实揭示了20世纪50年代和60年代欧洲一体化进程开始时的一个特点。当时,来自苏联的外部威胁不仅使欧洲(西欧)人放下对彼此的原有保留,还迫使他们将精力集中于其共性。这个胎记是如何从欧共体传承给今天的欧盟的,值得关注。事实证明,认为这一天生特征会随着时间推移而褪去的想法是错误的。

第一章 外缘、内界和新中心：德国在欧洲的作用

"加洛林欧洲"和欧洲的数轮扩张

毫无疑问，如果只看欧共体初期的"六国欧洲"，即法国、德国、意大利和比荷卢国家，欧洲的身份认同就不会成问题，自我划界的需要也不会存在。这个"初始欧洲"和加洛林帝国，即查理曼帝国的范围几乎一致。从这个角度上说，三位"20世纪的加洛林主义者"阿登纳、舒曼和加斯贝利的出生地引发了关注也情有可原，因为这三个地方——科隆、梅兹和特伦托——皆位于加洛林帝国境内（参见 Faber，1979：147 ff.；Geppert，2013：53 ff.）。然而在欧盟南扩、北扩、东扩之后，加洛林帝国作为欧洲认同的源泉已经过时了。西班牙和英国都不属于加洛林帝国，斯堪的纳维亚半岛和易北河以东的土地也不是。希腊、保加利亚和罗马尼亚当然也不属于加洛林帝国，这三者当时被拜占庭帝国牢牢抓在手中，而拜占庭又视加洛林为争夺罗马帝国继承权的强劲对手。

自1970年代起，欧洲的政治精英们决定反对身份认同计划，转而支持经济和政治大空间的战略整合。这一决定现在已经不能回退了。因此，对特定欧洲身份的寻求原则上已经终结，任何仍将其列入

政治议程的人要么是对欧洲过去三十余年来的发展缺乏把握,要么是想开倒车。在当时,扩大欧洲计划的范围、反对把欧洲绑定在作为历史身份施与者的加洛林帝国身上,也是理由充分的。葡萄牙、西班牙和希腊或多或少都曾在相当长的时间内实行过独裁统治,加入欧洲共同体的前景应成为一种强烈的激励因素,使其不至于重蹈之前军事独裁或专制政体的覆辙。同时,这么做也将促使人们不要采取向苏联靠拢的社会主义试验。欧洲的南扩是候选国政治、经济和社会的稳定化项目,因此也是当时欧洲计划在边缘地带的投资。地缘政治考量已经优先于身份认同政治,来自边缘地带的挑战已令欧洲计划对自己身份认同核心领域的承诺不足为道。围绕身份认同一再爆发的争论属于政治上的倒退。

戴高乐领导下的法国对英国加入的坚决抵制,以及丹麦、瑞典和芬兰的加入,遵循了另一套逻辑。一方面,这是一个增加净捐助国数量的问题。南扩后受捐国的数目增加了,但南方国家想要迟滞北方国家的加入,对此至少科尔是反对的,他说,如果"欧洲明显倾向于南边,那它便不是我们的欧洲"(引自 Geppert, 2013: 116)。另一方面很显然,成员国在经济一体化方面的每一步前进都必然导致其与非成员国的分界线更加清晰。起初,在欧洲经济共同体和欧洲自由贸易联盟(其七个成员国希望将合

第一章 外缘、内界和新中心：德国在欧洲的作用

作限制在单纯的自由贸易范围内）并立的情况下，这还不成问题，但随着欧洲共同体更进一步的发展，新的分裂就产生了（Kreis, 2004: 19 ff.），当时皆属"西方"的欧洲有可能由此在经济上一分为二。对于这个威胁，要不惜一切代价予以避免。相应地，尚未加入欧共体的欧洲国家也面临着巨大压力。在老"西方"国家当中，最终只有挪威和瑞士留在了欧共体和欧盟之外。1989/1990年苏联解体之时面临的一个问题和欧盟南扩时类似：如何支持中欧正在进行的民主化进程，才能不仅给人民以提供自由的前景，还要为其提供更好生活的前景？最令人担忧的是，在欧盟和俄罗斯之间是否会出现一个经济贫困和政治不稳定的地区（Kreis, 2004: 67）。如果中间地带是这个样子，起码会对西欧和俄罗斯的关系持续产生负面影响，而在冷战刚刚结束的观感中，这是要避免的。除此之外，从波罗的海诸国到罗马尼亚和保加利亚，从波罗的海到黑海，人们希望被纳入欧洲计划，并对未来的道路提出自己的看法，这些愿望也不能忽视。后来经过分两个阶段进行的东扩，欧盟形成了现在的形态，不过这还不是最终版本，因为它向东南部巴尔干半岛的进一步扩大还有待进行。当这一轮扩张完成后，欧洲人必须通过其他方式来稳定周边地区的局势。

总之，只要涉及欧盟与外部的明确分界，寻求

欧洲人政治-宗教或政治-文化身份的努力就注定要失败，如果对这个问题真的严肃起来，不再把它看成喋喋不休的口水仗中的一个话题，那么将导致欧洲组织的收缩，直至比目前的欧盟还要小很多的状态。换句话说，如果人们认真对待身份认同问题，并将其置于政治议程的首位，就会引发一体化进程的崩溃，即导致那些历史和文化印记与加洛林帝国毫无关联的成员国退出，如果想要避免出现退盟情况的话，至少得限缩其成员权利。那些领土或多或少位于原加洛林地区的国家采取措施进一步深化经济和政治一体化，但所有其他欧盟成员国都不会加入进来，也是一种相应的可能后果。欧洲的政治现状将从根本上发生改变，所以它造就的不仅仅是一个"双重速度"的欧洲，还会比照9世纪初的状况创造出一个核心欧洲。核心欧洲代表了政治上有组织、经济上一体化的欧洲"永恒中心"，不会进一步扩大。人们已经在"核心欧洲"的大标题下一再讨论过这类情况，但都不了了之，暂时也不能指望能有什么结果或决定。本书所处理的执中之权可被看作是这样一个"核心欧洲"的政治替代方案。

"执中之权"的提法并不是学术上的噱头。自从所谓的欧债危机（实际上是一些欧盟成员国的金融和经济危机）开始以来，有人提出了这样一个问题：欧洲的力量是否有可能在前几轮扩大化的过程中就已经透支了,以至于落入了历史学家肯尼迪(Paul Kennedy)在其关于大国历史的研究(1989)中所说的"帝国负担"(imperial overstretch)的陷阱?帝国负担指的是一个在政治、法制和经济上还有待整合的空间却过度扩张,以及过度要求这个还存在极大、极多分歧的空间在政治上进行统一行动的情况。欧洲作为一个在社会经济方面非常异质、被不同的政治传统和经验所塑造、为分裂线和对峙线所贯穿的空间,究竟能否整合在一起?要防止大规模移民,并使贫困地区和经济落后地区的平均生活水平逐步接近欧盟,得向这里进行多大程度的资本转移?欧盟的净捐助国准备在多长时间段内为这些转移和在此期间可能出现的任何援助项目提供资金?还有,如果欧洲贫困地区的物质条件改善不成功,流动自由作为联盟一体化原则的地位还能否得到维持?或者说,欧盟会不会迟早也将遭遇欧洲大帝国的典型命运,像罗马帝国、加洛林帝国还有查理五世皇帝的哈布斯堡帝国那样,领地被一分为二或一分为三(Le Goff, 1994: 10 ff.)?其实这种分裂应该理解为通过制造两个乃至更多的中心以形成优势局面来重新控制离心力。

问题已经摆在面前了,欧洲政治将不得不给出答案。答案会指向什么方向,暂时还没有定论。对单一货币分裂为南北欧元的猜测一度甚嚣尘上,但是后来，周边地区近期的危机和战争又转移了话题，给欧洲政治营造了一些喘息机会，特别是黎凡特地区的战争和在伊斯兰国民兵猛攻之下的当地国家边界的瓦解，还有俄罗斯对克里米亚的"吞并"和东乌克兰的混战，最后是利比亚国家秩序崩溃后急剧扩大的跨地中海难民潮。在罗马史撰中经常援用的"外敌"（metus hostilis），即来自外部的威胁和对外部敌人的恐惧（Walter, 2015），再一次阻止了离心力在内部成为压倒性的力量。阿甘本发起的关于在西南欧建立拉丁帝国以结束"日耳曼紧缩政策敕令"的讨论，随之很快又陷入了沉寂。然而随着俄罗斯方面压力的缓解，以及随着叙利亚和伊拉克北部的局势在军事上趋于稳定，这场辩论随时都可以重新开始。辩论主要针对德国，因为德国是欧盟中经济实力最强的国家，也是欧盟经济和金融政策最终的定调者（参见 Bierling, 2014: 9ff., 266ff.）。对德国的指责以德国人试图把他们所涵育的新教劳动伦理强加给整个欧洲，从而摧毁了南欧的不同生活方式为起始，以对建立"第四帝国"的指控为顶峰。"第四帝国"被认为跟以往的帝国形态不同，它的建立不是基于军事，而是基于经济实力（参见 Priester, 2014）。

第一章 外缘、内界和新中心：德国在欧洲的作用

欧洲中心：1990年后的德国

我们现在来看事情的另一面。欧洲边界不明、内部持续分化和分裂的反面问题，是如何整合与凝聚，如何将离心力转化为向心力，即关于欧洲之"中心"的问题，简言之：是执中之权的问题。在欧洲计划的原始草稿中，这个中心应由一个三角形组成，端点分别是布鲁塞尔（委员会）、斯特拉斯堡（议会）和卢森堡（法院），后来又增加了美因河畔法兰克福（欧洲中央银行）。但随着《宪法条约》的失败以及欧洲计划料想仍将保持为民族国家的联盟，出现了由一个国家或多个国家来扮演欧洲中心的情况。早在1990年代初，历史学家舒尔根（Gregor Schöllgen, 1992）和历史学家、政治学家施瓦茨（Hans-Peter Schwarz, 1994）就将这一角色赋予了统一后的德国，但在当时，这更多的是对即将发生的事态的预测，而不是对现状的描述。柏林墙倒塌和国家结束分裂后的二十余年里，德国人一直被自身的麻烦弄得焦头烂额，因为事实证明，统一进程中的社会和经济挑战比想象中要大得多。科尔总理所预言的"盛世美景"并没有立即浮现，相反，新的联邦州发生了普遍的去工业化，失业率直线飙升，人

口不断外迁，结果是不动产贬值（Ritter, 2006, 2009）。柏林墙倒塌和随后的统一带来的欣喜若狂的庆祝气氛转化为持续许久的压抑情绪，在法律和财产问题的清算中，在东西部人民大失所望的相互指责中，大干一场的劲头渐渐消失了。

德意志联邦共和国一心顾着自己，没有时间和兴趣，也没有注意力和精力去做其他事情。法国总统密特朗和英国首相撒切尔担忧德国的统一将永久性地扰乱欧洲的平衡（Heydemann, 2009; Hudemann, 2009），看来好像毫无根据。之后，随着欧元的推出，令一些欧洲国家不胜其烦的德国马克和德国联邦银行的主导地位似乎也结束了。据称，密特朗曾与科尔谈判达成易货交易，根据该交易，法国同意统一的对价是德国马克须纳入欧元（Geppert, 2013: 68）。与许多人的预期相反，德国民众并没有对引入欧元进行任何重大抵抗，而是对欧元将像德国马克一样价值稳定的承诺感到满意。对绝大多数德国人来说，他们更关心的是稳定的货币与他们个人生活水平的物质保障前景的关系，而不是货币对欧洲经济发展和邻国社会状况有什么战略影响（Münkler, 2009: 455 ff.; Conze, 2009: 463 ff.）。他们对这类权力政治的事情不感兴趣；他们感兴趣的是自身的福祉。为此，一个稳定的货币足矣，所以只要欧元承诺做到这一点，他们就满意了。政治精英和经济精英们的圈子里虽然讨论了德国马克和欧元的战略重要性，但大多数民众对此漠不关心，他们之所以接受作为加强版马克的欧元，就是因为这个加强版意味着在欧洲邻国度假时的支付便利。

德国人与德国马克和欧元的关系，反映出他们和作为整合经济区和政治行为体的欧洲的关系。德国人青睐的欧洲是自家工业产品的销售区，是旅游度假地，也是发现新菜品及其烹饪技法的秘境。所以德国人转向欧洲是为了经济、旅游和口腹之欲（参见 Kaelble，1995：13 ff.；2001：218 ff.；Pomian，1990：143）。随着2010年欧债危机爆发，一切都改变了。和欧洲邻国的选民不同，德国选民曾长期抵制民粹主义者的警告和许诺，可是目前民粹派政党和运动在德国也兴起了，其突破口正是货币的稳定性和繁荣的承诺，这绝非巧合（Münkler，2012：71ff.）。在德国的民意调查中，欧洲计划此前拥有的高好感度眼下突然一落千丈，一股对欧洲的恼怒情绪正在蔓延，在德国这是前所未有的，以至于政治和经济精英们为了赢回对欧洲计划的支持，不得不加强宣传欧洲一体化和共同货币欧元对德国繁荣稳定的重要性。就这样，政治话语中的欧洲就从一个朦胧的、令人愉悦的因素变成了一个对德国有巨大经济和政治利益的战略项目，所以出于显而易见的自身利益，德国人民应当乐意对其投资。据计算，德意志联邦共和国向布鲁塞尔支付的净额现已达到与1919年凡尔赛和平施加给战败的德意志帝国的赔偿金相当的数量。该数据可能会激起反欧主义的民粹火花,但若把这些看成投资的话,德国多年来从中获得的物质利益是远高于其付款总额的。最为重要的其实是确保德国在欧洲统一进程中和战争威胁消失后收获了"和平红利":它不再像过去那样被敌人包围,而是被朋友所环抱,仅这一点就为国内发展繁荣腾出了大量的资源。简而言之,从总体报表上看,欧洲计划的物质回报比相关的支付要高得多。

不言而喻,德国的欧洲话语也由此改变。起初在1950年代和1960年代,对欧洲的渴望起到了把德国自己的身份认同相对化的作用,当时许多人更倾向于做欧洲人而不是德国人。后来欧洲又自然而然成为销售市场和旅游目的地。现在,欧洲变成了一个进行成本收益比较的项目,公众——不仅是政治和经济精英,而且也包括广大民众——讨论它对联邦德国的战略意义。欧洲计划已不再获得理所当然的支持,它的正当性危机已经传导至德国社会。另外,德国人眼下之所以从政治角度打量欧洲,至少也是一些邻国批评乃至毁谤德国的结果,而在此前,人们尚且感到受一种朦胧的、无所不包的友谊概念的约束。德国的右翼民粹主义政党除了受益于人们对欧元救助计划的担忧以外,从这些毁谤中也

第一章　外缘、内界和新中心：德国在欧洲的作用

获利颇丰。德国欧洲话语的这种根本性变化，可能是无法逆转的。

上述话语变化无疑是表明德国在欧盟内部重要性提高的一个指标，因为德国经济和金融政策的外国评论家恰恰针对的是这种权重增加，他们批评德国在欧洲的影响力，并描绘出各式各样"坏德国人"的情节。德国重要性和影响力的提高是许多因素共同导致的，而之所以产生这些因素，在施瓦茨看来，是由于德意志联邦共和国已经成为欧洲的中心力量（Schwarz, 1994）。施瓦茨在20年前就声称统一将会带来这种结果，如今它已成为现实。德国诚然没有去力争这一位置，甚至也不谋求这个位置，但通过一系列决断和发展的相互作用，这个位置落到了它头上。其中一些决断的效果可能正好颠覆了其原初意图。令大多数德国人心存顾虑的情况现如今已经发生了，联邦德国必须扮演落在它身上的角色，或者说它必须开始学习如何演好这个角色。德国政治占据幕后领导的舒适位置，通过其他欧洲伙伴——主要是通过法国——将德国的愿望和想法植入欧洲政治进程中的时代，已经烟消云散（Weidenfeld, 2014: 68f.）。与此同时，一些邻国也呼吁德国在欧洲发挥更大的领导作用，因为人们已经察觉，如果不这样，欧洲计划将停滞不前，甚至会倒退，而就欧盟现在所处的状况来说，停滞不前就等于倒退

29

和衰败。德国国土面积仅占欧盟的8%，人口占比还不到17%（截止到2012年12月中旬），却贡献了27%的经济产出（Geppert, 2013: 40）。当然，德国在欧盟中的强势地位不仅是其经济实力的结果，而且也是政治格局的产物，在这种格局中，没有德国方面的同意或支持，任何事情都不会成功：其一，愿意继续推动欧洲计划前行的国家，期待着德国的领导；其二，那些已经深度融入一体化进程的成员国更关注德国在重构布鲁塞尔结构时的改变和改革意愿；其三，也是最后一点，对德国推动的政府债务减免持反对意见的国家，希望德国的政策有所改变。所有指向欧盟的期望归根结底都以积极或消极的形式指向了德国。欧洲需要德国多一点还是少一点，关系不大，因为事事都无法绕过德国。

权力类型问题、美国撤出欧洲和地缘政治局势

德国的新地位是经过一系列发展形成的。这里我们将更细致地研究这些发展中的三个方面，并评估其后果。首先是权力类型组合的变化，其次是美国撤出欧洲和"西方"跨大西洋安全共同体相应的弱化，最后是由此产生的欧洲地缘政治格局的变化。

先说一下权力类型组合的变化。按照美国历史

第一章 外缘、内界和新中心：德国在欧洲的作用

学家迈克尔·曼（Michael Mann）的观点，权力可以分为四种类型，即政治、经济、军事和文化或意识形态的权力（Mann, 1990: 46ff.）。每一个较大的政治行为体的权力组合都应囊括这些类型，在某一类权力虚弱的时候，可以通过其他权力类型的富余来弥补亏空。此外，不同类型权力间的具体比重总是变动不居，它们各自的效率也会随之发生变化。因此，如果想要维持住政治地位，权力类型的组合就必须始终适应不断变化的形势。随着权力类型具体比重的变化，一个国家可能兴盛，也可能衰落。总的来说，不同类型权力之间产生的相互作用也可被理解为政治权力的第二次出场。如此，政治权力即在组合中出现了两次，一次是直接意义上的，是行为者对其潜在盟友的吸引力，它很大程度上是一种外交的力量，而另一次是从其他权力类型中派生得来的。后一种情况展现了政治权力更具活力的一面，因为相对于其专门的一面，权力组合所呈现的政治权力会因经济、军事和文化权力等因素的叠加作用还有它们对比例关系的改变而更灵活，更具生命力。正因如此，才有了德国在欧盟内部的崛起。德国这个国家已经赢得了文化或意识形态的权力，游客量的上升、移民人数的增加和欧洲邻国的青睐都能体现这一点。它还巩固了自己的经济业绩，并解决了最初被低估的经济和社会一体化难题，而且是以模范

的方式。1991年，各新联邦州居民的可支配收入仅相当于全国平均收入的57.9%，而到2012年，这一比例已上升到85.9%；1991年，各新联邦州就业人员创造的价值还不到西德人的一半（20 313欧元对45 062欧元），而到2013年，这一比例上升到80%左右（53 896欧元对67 986欧元）（《每日镜报》，2014年2月11日）。最终，一系列的劳动力市场改革成功地恢复了德国的经济表现力，确保了德国在工业产品方面的国际竞争力。由于其他许多欧洲国家没有取得可以相提并论的成绩，或者说没有在这方面做出任何努力，所以德国在欧盟中的相对权重就大大增加了。

不过德国权重的提升从权力组合的角度来看极不协调。原因在于，随着东西方阵营冲突的结束，军事力量作为决定政治力量产出的一个因素的重要性降低了，而军事恰恰正是联邦德国自身比重最小的权力类型（顺便说一句，民主德国也是如此），因为它没有核武器，而且其武装力量已经完全融入了北约的联盟结构。这样一来，经济在权力类型组合中的相对重要性又因经济实力的绝对增长而得到了进一步提高。相应地，自欧洲的货币和金融危机爆发以来，德国一直处于事件进展的中心，对于欧盟将采取什么样的行动，柏林做出的决定几乎总是具有一锤定音的效果。德国在推行"议程"改革

（Agenda-Reformen）的过程中克服了1990年代中期以来出现的经济和就业危机，因此成为欧盟大国中唯一拥有可信的危机管理战略的国家，能就如何应对经济和金融危机提出有效的建议——这一事实在此也具有一定意义。正是在欧债危机中，德国的新地位完全浮现出来。它在欧盟内部实施危机管理战略，给自己招来了猛烈攻击。联邦德国梦想自己能成为一个加大版瑞士（Gujer, 2007: 20-28）的时代的确已经过去了。

决定政治权力变化的因素还有"西方"的转变，然而公众在很长一段时间内并未意识到这一点，直到乌克兰和黎凡特战争双重危机（普京的侵略政策和伊斯兰国民兵在叙利亚和伊拉克北部的军事成功）的爆发。美国这时逐步从欧洲脱身，华盛顿方面期望，欧洲大陆及其周边地区的政治稳定今后主要靠欧洲人自己来维护。奥巴马总统甫一上任就宣布，美国未来的（军事）资源部署中心将不再是大西洋地区，而是太平洋。这对我们惯于把自己称作"西方"（Winkler, 2014）的这样一种理解有何影响，将在下一章继续讨论。此处只需要指出，随着德国民众诚心诚意地接受第二次世界大战的战败，他们也告别了德国对西欧和中欧的霸权主张，更别提去追求什么世界大国的地位了。这个时候，本质上具有跨大西洋性质的"西方"概念在联邦德国就已然诞生：西方包括西欧、南欧、英国和斯堪的纳维亚半岛的部分地区，以及至关重要的美国和加拿大（至少在军事战略定义上是这样，而在观念政治的建构中则不那么肯定）。原联邦德国，即波恩共和国的历史，可以说是在政治和情感上逐渐汇入这个"西方"的历史。所以，历史学家温克勒（Heinrich August Winkler）将他对19世纪和20世纪德国历史的叙述命名为《长路向西方》（2000）。波恩共和国成了这个"西方"的一部分，但现在此"西方"从安全政策上看已不复存在了，而在观念政治上，德国与美国渐行渐远也有一段时间。当然，"奥巴马主义"并不意味着"西方"政治基础设施的制度性解体，但它确实意味着西方凝聚力的削弱，使美国与欧洲明显可感地相互分离，尤其是导致了欧洲内部政治砝码的重新分配。

美国对俄罗斯2014年"吞并"克里米亚和在乌克兰东部煽动分裂战争的反应就是这种情况的表征。奥巴马总统只是克制性地表态说，俄罗斯现在不过是一个地区性大国（意味着它不再是美国的全球对手），对于政治上的反制措施，他主要留给了欧洲人去做。结果，德国成为欧洲应对这场冲突的主导国家。也许最值得关注的是，虽然一些欧洲国家大声提醒人们不要忘记德国在第一次世界大战末期和第二次世界大战期间在乌克兰都干过什么事，却没有

第一章　外缘、内界和新中心：德国在欧洲的作用

因此阻滞上述进程。20世纪上半叶的历史是德国的软肋，但它没有被当成政治牌来打，不管是可能对德国立场感到不满的欧洲伙伴，还是本可用历史来破坏德国谈判地位的俄罗斯方面，都接受了德国的主导地位。欧洲伙伴没有替代选择，俄方则是相对其他欧洲大国而言更信任德国。德国政界至少成功地确保了冲突可以被局部化，不至于进一步升级。美国在黎凡特战争中的表现也极为克制，它的首要方针是从伊拉克撤军后不卷入该地区的另一场战争，这也是为什么美国从一开始就不可能部署地面部队的原因。美国对伊斯兰国民兵的空袭起初也尽可能地限于象征性的规模，它宁愿承受什么都没做的指责，也不愿意拿出能和打击萨达姆相提并论的决心来发动对哈里发国的战争。奥巴马不希望伊斯兰国民兵阻挠他将重点从欧洲和中东转移到太平洋地区。这一切的后果是，我们所知道的"西方"不复存在了。欧洲必须解决自己的问题，它不能再依靠被美国牵着鼻子走，不能再被美国领导。

除了经济实力的重要性日益提高外，美国降低对欧洲领导权的诉求，也导致了联邦德国权重的不断增加。这种情况与美国提出的合作领导（partner in leadership）动议无关，无论是在1990年代初还是后来，德国政府都没有接受这一动议，因为它十分清楚，德国和美国分享领导权的伙伴关系对于欧洲计

划的进展来说将是一枚炸弹。现在落在德国身上的主导角色是欧洲架构的形变带来的，而不是从美国那里赊来的。另外，德国之所以占有了更大的分量，也是法国多年来一直陷于似乎无法摆脱的问题所致。自20世纪60年代法德和解正式宣告结束世仇，并将双方关系转化为磐石般的友谊以来，德国政界一直争取在发起欧洲政治动议时取得法国的谅解表态。人们称法德轴心是欧洲政治的运动基础，偶尔也有以法德合作代表着欧洲的马达这种比喻性的说法作为补充。这种协调合作的形势给双方带来了一系列好处：它迎合了法国人，因为这给了他们相对于其人口和经济实力来说更大的政治权重；这对德国人也是有利的，因为这能避免有人利用历史来对付他们。历史是否被利用不由德国人说了算，它是一个法德关系的问题，特别是取决于法国方面的推动。如前所述，德国的政策被形容为幕后领导，对于政治上高度脆弱的联邦德国来说，这是一个极为舒适的位置。与法国在欧洲倡议上的合作，包括必须避免出现法德不和甚至对立的情况，是联邦德国国家理性的一部分。如果不能就共同路线达成一致，就什么也做不成。欧洲计划中的大部分阶段性僵局都可以从这里入手解释。

说法德合作的时代已经结束了，当然是不正确的。像以前一样，除非柏林和巴黎携起手来，否则

第一章 外缘、内界和新中心：德国在欧洲的作用

欧盟能做的事很少，甚至会一事无成。历史始终还是德国人的软肋。因此，德国政界一直谨慎地确保法国方面参与到解决或至少是限制东乌克兰战争的政治举措中来，德法两国外长就此事也曾多次共同表态。但是，法国长期以来的经济危机和克服危机的渺茫前景，再加上经济力量作为政治力量倍增器的重要性日益增加，就导致了重心向柏林方向的偏移。对此不能再隐瞒或轻描淡写了。这种权重的转移毫无疑问不是在德国政界的追求或推动下发生的，事实上大多数德国政治家都希望看到柏林-巴黎轴心重新平衡，但他们说了不算，需要法国政治采取措施。当然，即使法国在金融和就业领域进行了有效改革，也无法改变德国人口要多约2000万以及相应地经济表现更佳的事实。新联邦州的经济融入德国经济模式越成功，德国的经济产出就越强劲。柏林-巴黎轴心近年来变成以德国为中心，可能让许多德国政治家感到恼火，但他们暂时无法摆脱这一事实。

随着"西方"的重组和经济实力重要性的提升，欧洲出现了一种新的地缘政治格局，我们可以将之概括为欧洲政治秩序中枢意义上的"中心回归"。这是欧洲历史上曾多次出现过，却很少以和平和繁荣为特征的地缘政治格局的重现。对于拥有强中心的地缘政治格局来说，过去一个半世纪的历史是无比强烈的警示讯号。但从另一个方面来看，要

满足将政治-文化和社会-结构方面像欧盟这样的一个异质性空间聚合在一起的要求,并将离心力转化为向心力,又需要一个强有力的中心。欧洲计划的维持也需要这样一个中心。在目前的状况下,这个中心只能是德国。事实证明,通过加强欧盟委员会或欧洲议会来解决困境的想法可行性有限。欧洲大陆的政治未来将极大程度地取决于德国人这次是否能够比过去更智慧、更负责任地扮演好"欧洲中心力量"(施瓦茨)的角色。为了澄清这一点的先决条件以及预见失败的风险,仔细审视一下过去是有帮助的。下一章将详细考察地缘政治格局,再下一章将讨论"中心"政治的历史。

第二章

政治文化地理学：
欧洲外部边界和欧洲的中心

欧亚边界

前面我们已经提到了欧洲边缘的模糊性。从中亚的角度看，欧洲横竖都不过是亚洲大片陆地的一段余脉，文化和政治上有一些特别之处。因此，瓦莱里（Paul Valéry）将欧洲形容为"亚洲半岛"。几个世纪以来，希腊人口中名为塔奈斯（Tanaïs）的顿河被认为是欧洲的东部边界，所以在古代和中世纪的地图上，顿河被绘制得极为广大，像一个海湾而不是河流（Cobett, 2010: 39f.）。直到18世纪，地理学家们才将欧洲的东部边界推进到乌拉尔山脉和伏尔加河，作为对彼得大帝的俄罗斯向西开放的反应（Cecere, 2006）。俄国由此至少在地理上已经成为欧洲的一部分，同时，通过向西伯利亚扩张，它又走出了地理上扩大了的欧洲。然而俄国的文化归属问题仍悬而未决，就是否属于欧洲的问题上，自19世纪以来，俄国人自己也没有达成一致意见。有人欣然肯定这一点，但也有人，如哲学家达尼列夫斯基（Nikolai Danilewski, 1869）笃定认为，俄国与欧洲之间存在深深的鸿沟，并警告俄国提防西化威胁（Belobratow, 2014）。对于今天的达尼列夫斯基的崇拜者来说，西方，即欧洲，是一个堕落、肤浅和不道德的地方——这是俄罗斯政界近来重又频繁套用的一系列陈词滥调。西方对此的回应是一再称俄罗斯人为野蛮人，而一些俄国知识分子则强调"野蛮"是力量和活力的源泉予以回击（Figes, 2003：380-449；Hildermeier, 2013：850-868）。

18世纪以来，俄国与其当时西方邻国之间的政治边界因国家分裂、战争和政权瓦解而一再变动。随着20世纪90年代苏联解体和波罗的海国家、白俄罗斯以及乌克兰的政治独立，出现了最后一次边界变动的情况。眼下面临的问题是，俄罗斯"吞并"克里米亚和在尚属于乌克兰的顿巴斯地区策动分离，这是不是边界新变动的前奏？俄罗斯是否怀着欧亚世界大国的理念，想要通过恢复其旧有疆域而将1991—1992年形成的边界推回西方？对此我们暂时无法给出明确的答案。

第二章 政治文化地理学：欧洲外部边界和欧洲的中心

18世纪和19世纪的边界位移只不过关乎领主权和行政领导权的更迭，但在20世纪上半叶，边界变动却伴随着可怕的罪行，包括系统性的种族灭绝。斯大林主义的无阶级社会计划（Baberowski, 2003）和国家社会主义的种族纯粹空间定居计划都和这类边界变化有关，后者最终导致了对欧洲犹太人的种族屠杀。斯奈德在其《血地》（Timothy Snyder, 2011）一书中，生动地描述了发生在波罗的海和黑海之间地区的悲剧，根据今天的地图，该地带包括波罗的海国家、波兰、白俄罗斯和乌克兰。从历史上看，对土地的征服夺取结合对族群或阶级进行政治"清洗"的做法，是一种19世纪末发端于巴尔干半岛和小亚细亚地区的政策的扩大化延续。在那个地方，欧洲和亚洲之间的意识形态–身份认同的分界问题至关重要。赫勒斯滂在古代就已经被视为欧洲和亚洲之间地理边界，虽然这一点并未受到质疑，但地理边界意味着什么？它仅仅是地理学者划分空间的惯例吗？它是否曾经，或也应该首先是一条政治–族群或宗教–文化边界？政治上对此存在争议。自1879年俄土战争以来，这些政治争议引发了连续不断的大屠杀式的驱逐和出于种族动机的暴力事件，预示着几十年后在中东欧将会发生的事。

当然，该地政治文化秩序的冲突和战争也可以追溯到古典时代。当"史撰之父"希罗多德说赫勒斯滂和爱琴海构成亚欧之间的边界时，这其实是从政治-意识形态上将波斯战争升级成一种"文化战争"（亨廷顿），但这种理解绝不是所有希腊人都赞同的：一方面，并非所有的希腊城邦都参加了对波斯人的战争。有些没有参加，有些甚至投靠了波斯大王薛西斯；另一方面，小亚细亚沿海直至内陆中心地带都有希腊人（爱奥尼亚人）居住。希腊半岛和小亚细亚的爱奥尼亚沿海地区在文化上形成了一个连贯的区域，爱琴海对它们来说并不是一个分离的海，而是一个连接的海。亚里士多德在其《政治学》中考虑到了这一点（Ⅶ, 1327, 24ff.），他将希腊描述为介于欧洲和亚洲之间的独立文化，并把它想象成一种中间位置，赋予其相对于直接毗邻的政治-文化地区以优先地位（Brague, 1996: 48f.）。早在古代，争夺政治霸权和经济支配权的斗争就已经以绘制心智地图（mental mapping）的形式进行了。这是一种在行动者头脑中扎下根来的地理学：对于公元前5世纪的雅典来说，将欧洲和亚洲之间的地理界线描绘为自由与不自由的政治文化对立有其政治利益，因为这样一来，雅典就可以将自己扮成反对波斯人权力欲望的先驱，并为它在爱琴海地区的政治霸权主张创造一种文化上的正当性，有助于迫使盟友们对它亦步亦趋。今天的人们在将希罗多德看作始终存在于小亚细亚与西方之间文化边界的主要见证者，

第二章 政治文化地理学：欧洲外部边界和欧洲的中心

并援引他的话来定义欧洲或"西方"时，常常忽略这一点。亚里士多德接近崛起的马其顿帝国，他反其道而行之，在"寒冷的欧洲"和"炎热的亚洲"之间，在欧洲人的精神迟钝和亚洲人的顺从屈服之间，提出了一个"中道"的观念，中道意味着既要兼顾两者的优点，即欧洲人对自由的向往和亚洲人精神的敏捷，又要回避其缺点，而这一切都被编织成希腊人不仅相对于东方，也相对西方要更为优越的主张。利用中道理论，亚里士多德把欧洲的边缘与亚洲的边缘联系在一起，中道于是成为亚历山大帝国及其继业诸国和希腊化时代融合文化在政治理论上的正当性来源。亚里士多德主义和希腊化这两者的不同之处在于，亚里士多德和他的追随者都希望中道作为一种有别于极端而言的自足的东西被保存下来，而希腊化则以联系和混合为基础。

因此，文明与野蛮的对抗和欧洲与亚洲之间的地理分离事实上（eoipso）并不等同，恰恰相反，在古代的很长一段时间里，这一地区被认为是一个统一体，而且自从它成为罗马帝国的一部分后更是如此。使徒保罗的旅行和他的教义书信对基督教的出现和形成具有根本意义，它们证明了这一地区在政治和文化上的有力凝聚，尽管由于8世纪以来伊斯兰教的传播和后来中亚突厥人的进攻，这种凝聚力有所削弱，但并未消解（Lewis, 1996）。总而言之，欧亚之间的地理边界关系在宗教、文明和政治文化上的定型化不过是中世纪和近代早期的事,并与拜占庭帝国的衰落和崩溃密切相关。当土耳其人1453年征服君士坦丁堡时,时代的转折和空间的分离方才重合,从此,东巴尔干半岛和小亚细亚的政治地理被重新编码。关于土耳其加入欧盟的激烈辩论(Leggewie, 2004; König/Sicking, 2005; Polenz, 2010),当时就是在意识形态上再度激化的地理惯习的阴影下进行的。贯穿这一地区的分界线和断裂点,在15世纪至17世纪在欧洲流传的有关土耳其威胁的著作中已经清晰可见(Leuschner/Wünsch, 2013)。不过当前推动地理边界向文化边界转化的主要已不再是欧洲方面,而是伊斯兰主义团体——伊斯兰国民兵,他们的行径极为野蛮(Said, 2014)。数千年来因许多族裔群体和宗教的共存而与众不同的这个地区正遭到毁灭,我们目睹了这一切。

东方问题和地中海地区

15、16和17世纪的一大印记是土耳其人朝东南欧的不断推进。土耳其-伊斯兰西北征伐的极点是维也纳,两次围困维也纳是它的高潮。1683年第二次围攻维也纳后来成为奥斯曼-伊斯兰进军欧洲的转

第二章 政治文化地理学：欧洲外部边界和欧洲的中心

折点，哈布斯堡军队在卡伦山战役突破土耳其的包围圈后又组织了一场反击战，终于为"基督教欧洲"夺回了西巴尔干。奥斯曼帝国自19世纪初开始持续衰落，由此引发了"东方问题"，即谁来接管奥斯曼帝国的政治遗产：是中欧人、西欧人还是东欧人（Diner, 1996: 98ff.; 1999: 195ff.）？中欧，当时即奥地利，确切地说是1867年以来的奥匈帝国，它想在西巴尔干半岛和亚得里亚海沿岸建立起奥地利和平（pax austriaca），其扩张的渴望也仅限于这一地区。因此，维也纳准备接受土耳其人作为东巴尔干的霸主，并给予他们欧洲大国的地位。西欧，当时主要是英国，它希望建立一道"北方屏障"，以保护通过地中海东部和苏伊士运河的海上贸易线。这是大英帝国的大动脉。俄国是英国控制上述地区的主要竞争对手，奥斯曼帝国又是抗衡俄国的力量，职是之故，英国人关心奥斯曼帝国的存续。东欧，当时指沙皇俄国，从凯瑟琳二世开始，它便有计划地向南扩张，并希望进入黑海拿下海峡。俄国的扩张以普斯科夫的僧侣斐洛菲斯（Filofei von Pskow）提出并被伊凡三世以来的沙皇所采纳的"第三罗马"名号为托词，借此正当化俄国人对东巴尔干和黑海南岸的霸权主张（Schaeder, 1957）。俄国的目标是将奥斯曼帝国逼退到安纳托利亚及其以南地区。

东方问题因而成为欧洲政治的一个气候恶劣地

带（Diner, 1999: 195-207），在第一次世界大战的前史和冷战的酝酿中，东方问题的发酵作用也比一般人所知的要大得多（参见 McMeekin, 2014; Diner, 1999: 195 ff.）。20世纪初，德国人终于也参与到寻找东方问题的答案中来了。诚然，这只是因为俄国人和英国人已经就沿海峡到中东来分割亚洲达成了谅解，土耳其人失去了以前的保护力量，不得不寻找新的盟友罢了。在这个过程中，他们接触到德国，受法俄环抱的德国对奥斯曼帝国也很感兴趣，想把它当作自己在地缘战略上的腾挪空间（Münkler, 2013: 71ff., 286ff.）。当时有一些地缘政治家，如瑞典人契伦（Rudolf Kjellén）等人，将第一次世界大战视为争夺近东控制权的角力。俄国、英法组成的西方协约国，再加上以德国为首的中部强权，都在这里为未来的世界秩序而战，尽管这场战争的主要战役是在法国北部和欧洲中东部地区进行的（Kjellén, 1916），然而战争的最终结果肯定也是对欧洲东南部边界的决定。

20世纪20年代初，希腊与小亚细亚沿海地区之间原有的民族文化羁绊遭到了进一步的破坏性砍削。1922年，希腊军队在士麦那登陆，目的是征服那里主要由希腊人居住的地区，从而向大希腊的形成迈出了决定性的一步。几乎所有的邻国都侵占了第一次世界大战战败者奥斯曼帝国的部分领土，希

第二章 政治文化地理学：欧洲外部边界和欧洲的中心

腊人由于参战较晚而没有得到战利品，但他们也想分一杯羹。如果计划成功，希腊将像土耳其一样成为一个在地理上既位于欧洲又位于小亚细亚的国家。但征服失败了，希腊军队遭受重创，随着他们的撤退，数十万希腊族人或希腊东正教基督徒不得不离开祖居的家乡。另一头，认为自己属于土耳其人的穆斯林则从已经落入希腊手中的伊庇鲁斯和马其顿地区迁至小亚细亚地区（Diner, 1999: 195ff.; Sheehan, 2008: 128）。由此，欧洲和亚洲之间的地理边界成为民族政治边界，同时也有成为宗教文化边界的趋势。这种前所未有的特点是20世纪初才呈现出来的，如果没有1922/1923年的人口互换，关于土耳其加入欧盟的辩论可能会走上不同的道路。

在某种意义上，爱琴海地区就这样以一种戏剧性的尖锐方式重演了整个地中海地区的历史：几个世纪以来，它始终是一个政治-文化大空间的中点和中心，直到变成一个边境地区，变成一个分离之海而非连接之海。在古代，同时涵括欧洲、亚洲以及非洲的普世大公（Ökumene）思想占据着主导地位。地中海是三块大陆的联系要素，它们围绕着这个中心铺开，所以主宰这个中心的力量可以把自己看作是世界的中心，而罗马也正是这样做的。教皇例行公事的祝词《致全球与全城》（urbi et orbi）至今仍展示着这一点。在罗马，无疑还有一种一贯存在的观念，即文明的发展在东方比在西方开始得更早，相应地，古代文学中伟大的地中海之旅大多是对一种文化和正当性从东方向西方转移的阐释。这既适用于维吉尔《埃涅阿斯纪》中的埃涅阿斯从燃烧的特洛伊城到意大利中部的逃亡之路，也适用于《新约·使徒行传》中使徒保罗从小亚细亚到罗马的旅程，经过这些旅程，起初仅限于对犹太教徒和周边希腊文化区传道的基督教宣布了自己普世大公的效力主张。这两个事件叙述的都是包括地中海东部和西部在内的空间的文化统一性。

欧洲的地理偏心性

罗马帝国不仅是东方与西方的联合，而且是南方与北方的联合，是非洲地中海沿岸的肥沃土地与西班牙、意大利和希腊诸半岛地中海沿岸富饶土地的联合，还包括比利牛斯山脉和阿尔卑斯山以北地区，以及高卢、不列颠和日耳曼大部分地区的联合。只有来自阿拉伯半岛伊斯兰战士的风暴才粉碎了地中海文化空间的封闭整体，他们越过地中海南岸向西班牙和西西里岛深入突进，将地中海从连接空间变成了分离空间，并迫使"欧洲"退至大陆的东北部。在查理曼帝国，亚琛取代了罗马的地位。查理

第二章 政治文化地理学：欧洲外部边界和欧洲的中心

大帝多次称亚琛为"新罗马"（Gehler, 2014: 20），并尽心赋予它与之相匹配的建筑形式（Bredekamp, 2014: 68ff.）。与此同时，君士坦丁堡亦即第二罗马的人们瞥向这个既没有大城市也没有先进文明的地区时，目光是惊愕而倨傲的。但恰恰是这个位于大陆西北部适宜被称作"日落之地"（Abendland，西方）的地方，在中世纪晚期和近代早期从杜布瓦（Pierre Dubois）、皮科洛米尼（Enea Silvio Piccolomini）和鹿特丹的伊拉斯谟（Erasmus von Rotterdam）那里获得了欧洲的雏形，成为欧洲想象的发祥地（Böttcher, 2014: 75ff., 82ff., 109ff.; Gehler, 2014: 38ff.）。根据欧洲思想出现在大陆西北角这一事实，布拉格（Rémi Brague, 1993: 108）提出了欧洲人的"偏心认同"：欧洲并不自足，也根本不可能自足，因为要达到平衡，它必得依赖于他者，依赖于陌生人。布拉格认为，欧洲诞生于古典与蛮族的共舞之中（Rémi Brague, 1993: 144ff.）。

如果按照这个思路，欧洲便没有能够突出自己和区别于周围邻居的固定边界，至少没有文化边界。欧洲更是一个不断交流的空间，是一个始终兼收并蓄他者和外来者的空间。偏心性决定了它必须依赖他者和外来者，方能平衡自身以及成为中心。我们可以将这一点具体化到俄国，因为俄国一再被宣称为野蛮人的据点，并因此成为欧洲人的"自我认同煽动者"。与伊斯兰教在地中海地区的争斗也可印证这一点。数个世纪以来，伊斯兰教被认为是希腊-罗马文化的第三号继承人，与加洛林帝国及其在西北欧的继承者和位于东南欧、小亚细亚和中东的拜占庭帝国并称。事实上，古代哲学和自然科学在相当程度上是通过阿拉伯-伊斯兰教的中介传入"欧洲"的。这里指的是大陆西北部的中世纪欧洲。然而后来，伊斯兰教却变成了欧洲人口中最常见的野蛮人身份的候选者之一。因此，我们有必要重新审视地中海——彼此对立的政治和文化特质之间交流和对峙的空间。

1095 年，教皇乌尔班二世号召十字军东征，标志着持续约一百年的"欧洲"反攻运动的开始，期间基督徒在圣地发动了多次战争，并建立了十字军国。尽管这场"争夺空墓的斗争"（René Girard 语）对欧洲的政治形塑来说只是一个插曲，但它在两个方面留下了持久的痕迹。首先，它改变了地中海经济区。十字军东征使得威尼斯、比萨和热那亚等海上共和国开始崛起，它们复苏了黎凡特-本都贸易，并以远距离贸易网络覆盖了以前规模较小的欧洲经济，带来了新的活力和新的财富（Braudel, 1986: 145ff.）。欧洲早期资本主义经济活动发展的动力就主要来自于地中海新兴的经济发达地区。直到 16 世纪，随着葡萄牙和西班牙大洋经济的兴起，这一地

第二章 政治文化地理学：欧洲外部边界和欧洲的中心

区才重又落入"第二梯队"。其次，它改变了伊斯兰教与基督教欧洲之间的关系，给今天的竞争和敌意留下了坚实且活跃的意识形态基础，包括成为恐怖袭击的理由。

如果将罗马、雅典和耶路撒冷理解为欧洲人身份认同的三大方位的话——罗马是政治及其法律形式的缩影，雅典是文学和哲学的象征，耶路撒冷是欧洲宗教身份的焦点，那么结合布拉格对欧洲人身份认同偏心性的诊断，我们可以说，十字军东征，包括德意志国王们进军罗马，是将欧洲再度中心化的尝试。欧洲在中世纪早期被从古代世界的中心驱赶到了西北方，而现在，它将被带回最初的起源地，并与之再度建立联系。这种回归是在一连串的战争战役中进行的：德意志国王们前往罗马，在那里自行加冕为皇帝；为了在与拜占庭帝国的斗争中建立起"拉丁"统治，威尼斯水手们向爱琴海-本都地区进发；最后是欲把基督教圣地重新置于基督教掌控的十字军战士进军的耶路撒冷。如果从长时段的范畴来判断，这三个计划都没有成功，但它们代表了西北欧后来一再扩张的方向：企图重新夺回自己的发源地，亦即赋予它政治和文化身份的地方。以雅典和耶路撒冷为中心的欧洲东南边缘地带变得浪漫起来，并以希腊癖（Hellenophilie）和犹太复国主义的方式一再令欧洲人着迷。这些代价极其高昂的浪

51

漫冲动的临时句点,是接纳希腊加入欧元区。尽管在作出接纳决定时,所有的经济数据都已表明不该这么做,但是人们不希望在引入欧元这件事上将"民主的摇篮"给遗漏了(Gehler, 2014: 254)。只要谈起欧洲,就不能忽视这些浪漫情绪。欧洲的边界模糊不清,也是欧洲人在浪漫地追忆自己文化根源和身份起源地时一再跨越现有边界所致。事实上,执中之权如此重要,与欧洲人始终怀有在地理上越出自我的倾向和夺回文化起源中心的兴趣不无关系。这就带来了失衡和错位,须由执中之权来平衡。

直到17世纪,地中海仍是基督教和伊斯兰国家舰队之间争斗的地方。圣约翰骑士团(后来的马耳他骑士团)在罗得岛上的要塞一度成为对抗也从海上进犯的奥斯曼人的孤岛。勒潘托海战(1571)在某种程度上可能代表了地中海控制权之争的一个转折点,但威尼斯和西班牙海上胜利的后果绝不像一部喜欢记录惊人大转折的历史著作所示的那样一目了然。只有拿破仑征服埃及和法军轻松取胜马穆鲁克,才算是欧洲和中东关系的真正转折点,而如果说拿破仑的埃及战役最后失败了,那也并非他的东方对手所致,而是由于法国舰队在海上被英国人击败。缺少海军支持,拿破仑就无法在埃及和巴勒斯坦长期坚持下去。正是这一点说明,地中海南岸和东岸诸势力的政治命运不再取决于它们自身的实力,而是取决于欧洲列强之间的关系。随着拿破仑征战埃及,中东沦为欧洲政治的对象。19世纪期间,几乎所有的地中海南部沿海国家都遭遇到这种命运,它们要么变成法国或意大利的殖民地,要么像埃及一样,被英国人实际控制。欧洲带着权力回到了曾经属于罗马帝国的地方。这种情况直至20世纪50年代和60年代的非殖民化,才再次改变。在欧洲殖民统治结束之前,地中海已再次成为沿岸欧洲国家与其所控制的对岸属地之间的连接区域,并且这种连接性质在欧洲殖民统治结束后也没有消失。自"阿拉伯之春"以来,从北非国家流向欧洲的难民人数急剧增加,这使地中海的性质问题——与欧洲划界相关——再度变得尖锐起来。从地中海的角度看,最重要的问题是欧洲该不该变成一座"堡垒",以及如何做到这一点,而又不让欧洲人无视他们原本自我主张的价值观(参见 Mayrhofer、Reichert 和 Falk 等人的研究,载 Drechsel 等编,2010:307ff, 321ff., 333ff.)。这一次,对欧洲人如此重要的身份认同问题不是从内部,而是从外部提出的,而且与其说是通过文化的方式,莫如说是通过政治的方式。

以耶路撒冷为中心的救赎史想象

从欧洲的西北部望过来,耶路撒冷可说是游离在空间的边缘,但在中世纪盛期和晚期制作的地图上,耶路撒冷是世界的中心。这些地图上描绘的中心不再是地中海和罗马,而是一个朝西的楔形陆块,上面有许多海湾和半岛,且被三角洲或漏斗状的流向大海的河流所贯穿。这个地区邻接三个海洋:波罗的海、不列颠群岛和斯堪的纳维亚半岛以及法国之间的北海,还有经过"附属的"黑海延伸到欧亚大陆内部的地中海(Seibt, 2002: 51f.)。随着中世纪重心的转移,人们对欧洲的看法也发生了变化,这一点在制图学关于大陆的新想象中得到了体现:中世纪晚期的制图学认为,欧洲并不是世界的中心,只是亚洲这块巨大陆地的一个末端,因此只能模糊地划定它的边界。

地图通常不仅能提供陆地和海洋的物理位置信息,还表达着一些内涵于这种安排当中的意义和理由,这也是地图不能不突出中心的原因。在中世纪的地图上,古代世界的政治中心罗马被基督教救赎史中心耶路撒冷所取代。罗马帝国解体和伊斯兰教兴起导致的政治上的去中心化,通过突出耶路撒冷以及基督教作为新的欧洲身份标志而得到了补偿。在赫里福德世界地图(Brotton, 2014: 125 ff.)和埃布斯托夫世界地图(Kugler, 2007; Schneider, 2011)上,耶路撒冷被标记成世界的新中心,人们可以将其理解为对"中央"和"中心"不曾平复的渴求的表现;但如果突出救赎史的维度,也可以从中看到时间对空间的刻画,即地图上以物理形式呈现的那些东西,究竟是什么时候开始的,又是什么时候结束的。空间的中心也是对时间上起点和终点的指示:权力的有效距离和统治范围的延展等政治性的东西就这样退居幕后了,不过它没有消解,只是被救赎历史的描绘所覆盖;在这些地图创作时,耶路撒冷并不在基督徒手中,而是在穆斯林手中,但这一事实对绘图并没有产生任何影响(Borgolte,2011)。经过基督教对世界地图的修订和对其救赎史的中心化,欧洲和基督教在政治上去中心的后果被淡化了。

就这里所讨论的欧洲地理和政治文化边界问题来说,中世纪欧洲在制图学上被重新定位的意义在于表现了对中心的一种无可辩驳的需求。很显然,对空间进行居中化安排的心理,是人类在视觉化处理世界想象时的常态。通过比较不同的政治-文化大空间在制图上的自我表述,我们可以发现,"世界"几乎都是围绕着这些大空间本身来排序的,因此它们也都把自己置于世界的中心。此外,人们还极力标出"中心的中心",作为这个大空间的政治或文化中枢。偏心性被认为是一种具有威胁性的挑战,至少是一种贬义词。谁感觉自己处在秩序的边缘,谁就受到了边缘化的威胁。从这个意义上说,耶路撒冷在中世纪世界地图上的中心位置是欧洲人的精神支柱,是耶路撒冷把他们从边缘带回了中心。

转向权力政治:承压的中心与发难的侧翼

随着欧洲崛起成为世界政治、经济和文化中心,精神心智上的中心化已不再必要。救赎史被经济史和权力史所取代,这称得上中心想象的一次脱胎换骨。近来繁荣的全球史研究中可能有所争议的是(Morris, 2011; Ferguson, 2011),欧洲是否在16世纪达·伽马、哥伦布等人的发现之旅之后就已经开始崛起了(Münkler/Münkler, 2000: 80-96),还是直至18世纪和19世纪英国发生了工业革命,欧洲和亚洲之间的贸易格局也发生了根本性的变化,欧洲人对中国和印度历来的贸易逆差被转化为持续的贸易顺差(Bayly, 2006),欧洲相对于南亚和东亚的中心地位方才成为现实?欧洲在全球范围内扮演统治者角色最迟是在19世纪初,这一点已经毋庸置疑,来自近东诸帝国长达数百年来的挑战已不复存在,与亚洲的生产竞争也明显有利于欧洲。当时,欧洲人的政治-地理学文献中出现了两个问题:其一,谁是欧洲中心的统治者?其二,如果存在一个欧洲中心,是否有被欧洲边缘崛起的侧翼力量包围和环抱的危险?对包围圈的恐惧后来成为德国人一种十足的强迫症,

第二章　政治文化地理学：欧洲外部边界和欧洲的中心

但在18世纪和19世纪时，它却是法国人的课题。法国人在"中心和侧翼权力"的标签下详尽讨论过这一问题，直到该理论最终成为宣战的指南。

伴随着对欧洲中心受侧翼包围和窒息的议论，以前很少被提出的欧洲西部边界也成了一个问题。从地理上讲，西部边界很容易划定，因为大西洋就是一个再清楚不过的边界。但在"发现"美洲后，欧洲开始征服和殖民化南北美洲，这使得海洋从分离空间变成了连接空间。位于欧洲西部边缘的葡萄牙、西班牙、法国、英国等王国，一度也包括尼德兰共和国，向西拓殖并在那里建立了定居殖民地。这些殖民地往往与母国同名，前缀再带一个"新"字，这意味着，"欧洲"向西扩张，跨越了大西洋。这里大体上重复了地中海地区的旧事，地理边界变得千疮百孔，因为它们与政治和文化的界线不再一致；在地理上被排斥的东西，在政治和文化上被接纳了。

一个之前屡屡出现但实际上无关痛痒的问题，现在变得严重起来：不列颠诸岛是不是欧洲天然的一部分？或者说，不列颠诸岛是否因其位于欧洲上风口的岛屿性而自成一体？有一种回答，迄今为止制定的各种欧洲政治统一计划都缄口不提（Gehler, 2014: 53ff.）：英国并不属于14世纪至17世纪的任何一种欧洲联合方案，英国人自己也只是在非常有限的程度上将自己理解为欧洲人。自18世纪以来一直指导英国政策的以英国为"天平之舌"（Zünglein an der Waage）的欧洲大陆权力平衡思想，对此也有所体现。如果从欧洲中心的角度看，英国在欧洲扩张背景下强势崛起对其已构成来自侧面的潜在威胁。此外，由于大不列颠的镜像异构体（Antipode）——沙皇俄国——在18世纪才被地理学和政治-文化文献纳入欧洲，而且它又在向东扩张，这就在一大批作家心中更加强化了"准欧洲"侧翼强国威胁欧洲中心的意象。其后果是，欧洲的中心不能再被看作全球秩序的中心，相反，给世界政治定调的是侧翼势力。对于那些曾经视自己为欧洲中心的行为者来说，这是一个挑战。争夺欧洲中心地位的主要是法国和德国，它们为之发动了一系列漫长的战争，最后把欧洲人自己给边缘化了。中心在现实政治上的幻想导致了对自身的高估，也导致了力量的过度膨胀和能力的过分消耗。

据查，在俗教士雷纳尔（Abbé Guillaume Thomas Raynal）的《两个印度群岛的历史》（*Histoire des deux Indes*，1770）是最早把中心受侧翼威胁这一问题主题化的著作之一。通常情况下，所谓"普世君主制"威胁欧洲自由，是指西班牙或哈布斯堡把政治上四分五裂的欧洲统一起来（Bosbach，1988），雷纳尔将关于这种威胁的辩论转移到了英国头上，提出英国是

第二章 政治文化地理学：欧洲外部边界和欧洲的中心

"海洋普世君主制"，眼下是英国威胁着欧洲的自由（参见 Gollwitzer, 1972: 268ff.）。雷纳尔的著作出版于英法"世界大战"的高峰期，因此他把欧洲定义为大陆性的，欧洲的西部边界不是大西洋，而是英吉利海峡，从而将英国排除出欧洲。相比之下，法国被定义为欧洲人传播政治-文明使命的核心国家和欧洲的中心。法国总统戴高乐曾两次（1963、1967）拒绝英国加入欧共体，两次的思虑是相似的：只有将英国排除在欧洲计划之外，法国才能发挥戴高乐所宣称的领导作用。如果没有这个故事，人们倒还可以认为雷纳尔的思想不过是某种历史局势的产物。在戴高乐的继任者蓬皮杜的领导下，法国人于1969年同意英国加入欧共体，他们期待这样做就能"平衡德意志联邦共和国迫近的或法国人以为的权力优势"（Gehler, 2014: 207）。事实证明，这应该属于误判。

不过雷纳尔的思想却走向了另一个方向，他寄望美洲人很快就会摆脱英国人的统治，崛起成为英国的海上对手。这个预言不久将成为现实。然而，尽管雷纳尔希望北美成为平衡英国势力的一个支点，他的内心却弥漫着欧洲以外的欧洲之子有朝一日会成为欧洲主人的担忧。几十年后，托克维尔在《论美国的民主》一书结尾处将俄国描绘成贵族制的化身，美国是与俄国抗衡的伟大力量，欧洲则被置于两个侧翼强权之间（Tocqueville, 1987, Bd. 2: 469ff.）。从权力政治的角度看，中心正日益从一个舒适的位置变成一个不轻松的位置，因为它一直在遭受挑战，除非它把权力竞争对它的挑战转化为由它出面不断调停两翼的需求。欧洲的中心位置是令它受到了侧翼强权的威胁，还是使它能够在侧翼之间充当调停者和平衡力，起初在相关的争辩中没有定论。人们可以把戈雷斯的《欧洲与革命》（Joseph Görres, 1821）解读为雷纳尔地缘政治构想的替代之作。在该书中，戈雷斯援用了亚里士多德的中道概念（Münkler, 2010: 82ff.），将欧洲设想为对立的政治原则之间的调解者和平衡人。具体来说，戈雷斯并不把英国和俄国看成侧翼强权，而是把美国和奥斯曼帝国理解为政治上的极端，其中土耳其代表专制主义，美国代表无边的平等和自治，所以这种政治挑战取代了空间上的威胁。专制主义和激进的平等主义这两种原则由于其片面性，都面临着"刹不住车"的激进化危险，甚至可能突变成自身之反面，而欧洲作为平衡的代表，位于两个镜像异构体中间。因此，戈雷斯并不像地缘政治传统那样把中心看作一个可能受到包围和扼杀等威胁的空间，他关注的是价值和原则，中心对他来说是配重物和平衡器。人们局限于从宗教维度解读戈雷斯，往往忽视了，或者至少没有重视他这种把中心当作平衡点的理解（Miliopoulos, 2014）。

第二章 政治文化地理学：欧洲外部边界和欧洲的中心

权力政治中心的思想武装

在某些方面，戈雷斯接受并延续了 1813 年之前拿破仑大帝国建设的支持者们在德国所倡导的思想，当时他们试图给皇帝的强权政治披上观念政治的外衣。在莱茵邦联主事亲王、前法兰克福大公达尔贝格（Fürstprimas Karl-Theodor von Dalberg）的圈子里，拿破仑秩序被置于加洛林帝国的传统中，这意味着欧洲要和海洋上的英国和亚洲的俄国划清界限，并且从它相对于广袤大海和无边草原的中间位置上，必然衍生出欧洲在政治和军事上有别于两个侧翼强权的自我主张。英国带来的挑战更具经济和商业性质，来自俄国的威胁则在于它会袭击和掠夺富庶的欧洲。歌德在拿破仑政权垮台后说过一句著名的评论，他说，送走了法国人，迎来了哥萨克。这是一种不折不扣将地缘政治秩序和政治价值联系起来的思维方式。如果有人认为侧翼威胁了中心，那么他们差不多也会认为拿破仑针对英国的大陆封锁和对俄国的远征属于欧洲自我主张的措施。达尔贝格还认为，奥地利皇室在奥斯特里茨战役中落败的原因在于，被选定担任西方守护者的哈布斯堡帝国与东方强权沙皇俄国串通一气（Gollwitzer, 1964: 114 ff.）。不过总的来说，达尔贝格将拿破仑时期的欧洲看作一个平衡调解的空间，而不是一个被包围和威胁的区域。

菲塞德克（Konrad von Schmidt-Phiseldeck），这位今天基本上已被遗忘的康德派，在其《欧洲和美洲》（1820）一书中持类似的论调。对他来说，美利坚合众国的崛起与欧洲在政治、经济以及智识上的逐步边缘化是同义词。他所指的年轻民族，亦即美国人和俄国人，比苍老的欧洲更有活力。因此，教皇方济各最近在欧洲议会的演讲中用以描述欧洲的"老年人"比喻可以追溯到19世纪初。在后来的"保守主义革命者"斯宾格勒和凡登布鲁克（Arthur Moeller van den Bruck）的著作中，我们也能发现类似的看法，只不过菲塞德克从中得出的结论与西方即将衰亡或"青年民族的权利"完全不同，他认为摆在欧洲面前的选择是要么依靠强迫和武力开拓新的销售市场，要么去过节俭和禁欲的生活。菲塞德克支持后者，并建议欧洲采取经济自给自足与追求政治自由相结合的生活方式。欧洲大陆的"内部拓殖"是把土耳其人驱逐出欧洲的前提，它服务于大陆的"返老还童"。按照菲塞德克的说法，这一政策的加冕礼将是以君士坦丁堡为都城重建希腊-拜占庭帝国（参见 Gollwitzer, 1964：197ff.；Nielsen-Sikora, 2014）。此种想法无疑也是出于当时的亲希腊主义（Philhellenismus）的缘故，菲塞德克将这种态度融入了他对欧

第二章 政治文化地理学：欧洲外部边界和欧洲的中心

洲的设想。这样的话，欧洲人就能够避免与侧翼大国美国和俄国发生冲突，并把自己限制在与奥斯曼帝国的原有对抗中，以便使欧洲大陆的政治文化边界与地理边界再度重合。菲赛德克将局促于西北方的欧洲将收复原属于它的大陆东南部称为"内部拓殖"，借此传递出一个信号，即拒绝侧翼强权的那种对非欧洲世界的殖民政策。欧洲清心寡欲，专注于自己的事。

相比之下，德普拉特主教（Abbé Dominique Dufour de Pradt）在其五年之前出版的作品《维也纳会议》（1815）中认为，海上大国英国和陆上大国俄国是无从回避的威胁性挑战，因此欧洲必须做好跟这两个侧翼"大块头"对抗的准备。德普拉特由此把"真正的"欧洲，即核心欧洲，跟英国和俄国等外围欧洲区分开来，在他看来，核心欧洲是由共同的文化、类似的社会秩序和对抗新的世界强权的利益诉求维系在一起的。对付英国，有美国的制衡足矣，和它保持良好关系符合欧洲人的切身利益，而对俄国，各国必须组织起一道警戒线来防止它越过维斯瓦河和多瑙河的进逼。在德普拉特眼中，这两条河是欧洲在政治-文化定义上的东部边界，所以俄国实际上是个亚洲大国，普鲁士和奥地利皇室今后应该担起使命，充当抵御俄国可能威胁的桥头堡。在这方面，它们应得到占据着奥斯曼帝国欧洲部分的希腊的支持,通过控制博斯普鲁斯海峡和达达尼尔海峡,将俄国挡在地中海之外。就此而言,欧洲的政治秩序基本上是由侧翼强权决定的。来自西方的威胁被视为经济和意识形态的,来自东方的威胁主要是军事的,它们必须被拒于欧洲之外,或者被击退。

中心消失于集团性对抗

以外部威胁为基础而统一起来的欧洲很快在两个方面暴露了其阿喀琉斯之踵。首先,不同的侧翼大国威胁欧洲的方式是不同的;其次,与此相应,"核心欧洲"的防卫者们会倚重两翼当中的某一个。换句话说,它们与某个侧翼强权的利益共鸣可能比与欧洲中心大国的利益共鸣更大。原则上,这并不是什么新鲜事,16世纪和17世纪的波旁法国为了向哈布斯堡发难,就曾一次又一次地与奥斯曼帝国结成联盟。不过这时与侧翼国家结盟的目的是把中心瓦解掉,还达不到开辟针对某个中心行为者的"第二战线"的程度。由于往哪一方靠拢的倾向性都是由当时掌权的团体或社会阶层决定的,而且由于19世纪欧洲的特点是在自由主义秩序和专制主义秩序之间进行选择,相互竞争的利益关系很快就会固化成意识形态的阵线。结果,因外部挑战逼迫而

第二章 政治文化地理学：欧洲外部边界和欧洲的中心

凝聚在一起的欧洲又分裂成两个敌对的集团。神圣同盟的形成体现了这一点，普鲁士和奥地利与俄国联合起来，共同抵御革命性变革的威胁，法国和英国则走得更近，结成了反对东方专制政权的自由主义联盟。

政治作家弗兰茨（Constantin Frantz）在其《欧洲均势之研究》（1859）中给欧洲宪制分立的情况找到了一条出路。他缩小了中欧或曰核心欧洲的规模，并将其界定为向东和东南部延伸的霍亨斯陶芬王朝，而不再是加洛林帝国（Elvert, 2014; Gollwitzer, 1964: 297ff.）。弗兰茨考虑的出发点是，在1815年维也纳会议上恢复的大国平衡，即欧洲五国协调（Bleyer, 2014: 11ff.），当时已经再次解体了，因为英国和俄国，在此期间还有法国，通过构建殖民帝国上升为世界强权，从而不再适应于欧洲的规模。弗兰茨认为，这三个大国与美国一道构成了一个世界政治的四方共治（Tetrarchie），它对中欧事务的影响也越来越大，以至于以前欧洲被侧翼包围的问题变成了欧洲中心被边缘化的问题。作为因应之策，弗朗茨主张复兴中世纪帝国，使其成为整个中欧之主，保护中欧的独立，抵御来自西方和东方的世界大国的压迫。由于法兰西的西欧和俄国的东欧经过扩张和建立殖民帝国已然成为世界政治的行动者，所以弗兰茨将这个重新建立起来的旧帝国认定为欧洲本身。

这样一来，弗兰茨就拒绝了所有建立德意志民族国家的念想，因为他期待的帝国将具有多民族性，即便在德意志人的领导下也是如此，所以德意志人应该放弃构建民族国家，转而将自己描画为中欧众多小民族的保护力量。在弗兰茨看来，这是德意志人的欧洲使命，同时它也是对"中心"思想的重新定义，即中心不是在两极间扮演平衡作用的角色，而是在世界大国的整齐划一以外的民族多样性和文化多样性的空间。

于是，弗兰茨触及了法国大革命以来欧洲政治秩序中的一个棘手命题——国家和民族在空间上应保持一致的观念。即使在西欧，成立民族国家也只能用武力和强硬手段来实现，而在民族大杂居的中欧和东欧，这必然会导致族群驱逐和强制同化。因此，弗兰茨拒绝接受把民族国家建构看成是欧洲自西向东不可避免的、应当归为"政治进步"的发展推进的观点。不过众所周知，历史进程确乎如此，19世纪下半叶意大利和德意志民族国家形成，接着，第一次世界大战结束后的中欧又出现了一系列的民族国家（Schieder, 1991；Münkler, 1996：67ff.）。这种情况正是弗兰茨想要通过建立一个庞大的中欧帝国而阻止的，然而他无疑低估了民族主义的政治能量，以至于相信跟争先恐后建立民族国家所带来的一团混乱相比，尤其是要求把受外族统治的"兄

第二章 政治文化地理学：欧洲外部边界和欧洲的中心

弟"并入自己国家而一再互相攻伐时，欧洲中部的一个多民族和多宗教的大帝国能更好地满足民族主义的期望。

弗兰茨关于德国主导、作为中欧众多小民族保护者的帝国的想法，在第一次世界大战期间又再度活跃起来了。瑙曼（Friedrich Naumann）当时出版了《中欧》一书，勾勒了战争结束后的政治和经济秩序构想（Schmidt, 2001: 56ff.; Szegedi, 2014）。瑙曼设计了一个经济区，它在面对英国海上霸权时能够"不受封锁"，同时在面对被认为具有威胁性的俄国时，又能坚持自己的立场。自雷纳尔和德普拉特以来主导欧洲中心构思的动机在这里也再次出现：经济上，对西方列强英国和美国有自我主张；军事上，对俄国能自我防卫。瑙曼及其他许多德国学者和知识分子驳斥了这一时期针对德意志帝国的军国主义指责，他们断言，强大的德国军队是中欧不受沙俄威胁的保证，是许多小民族的保护伞，否则它们将任由俄国摆布，毫无反抗能力（Münkler, 2013: 248ff.）。瑙曼的中欧完全继承了这个"中心"的传统，它承受着来自两个方向的不同挑战，必须在经济上抵御西方，在军事上抵御东方。这种定义对中心的要求极高，因为中心的各个侧面并不相似，带来的挑战非常不同。

地缘政治与价值约束之间的中间地带

如果我们对已持续了近两个世纪的关于欧洲中心的辩论加以总结,可以肯定两点。其一,"欧洲的中心"是在与欧洲本身作为世界中心的理念的竞争过程中发展起来的。后一种观念很大程度上和欧洲人的殖民扩张关系密切,而殖民扩张又主要是处在欧洲地理边缘的大国所推动的,欧洲中部的国家较少参与。其二,我们可以看到,地缘战略想象和意识形态想象之间的具体结合对欧洲的外部轮廓和欧洲中心的定义都具有决定性的意义:在涉及意识形态的或价值政治——用适宜于今天辩论的方式来表述——的关系和约束的地方,中心要么消失了,要么被挤压成一条狭长的地带,因为欧洲的东部和西部在这里发生了直接对峙。"东"和"西"在此不是地理术语,而是更宽泛意义上的意识形态概念,这一点只消一瞥温克勒(Heinrich August Winkler)的《西方史》就明白了(作为反概念的"东方",参见 Gebhard u. a.,2010)。当神圣同盟成了自由主义西方的对立面,当意识形态战线的分界线正好穿过德国中部时,呈现的就是这种情况。普鲁士被划归东部,汉诺威王国和南德的大片地区被划归西部。第

第二章 政治文化地理学：欧洲外部边界和欧洲的中心

二次世界大战结束后，在东西方对立和两德对抗中，同样的情形又再次出现，只是边界划分略有变动。依附于某种价值观的政治会引发对抗，而与各种价值观都保持同等距离的中心不了解或不准备接受这种对抗。

反之，如果有一个强大的欧洲中心，那么不管它的权力政治核心是在维也纳还是在柏林，意识形态或价值政治的考量都会退居其次，某种地缘政治格局分析将占据主导地位。从西欧边缘强国（通常是法国）的角度看，地缘政治格局分析的内容无外乎如何钳制中心、如何通过两线作战的威胁来控制它。在哈布斯堡势力最蓬勃强盛的时候，法国政界就曾为了启动反对哈布斯堡帝国的第二战线寻求与高门结盟；法国担忧西班牙王位继承权问题时又故技重施，巴黎为阻止哈布斯堡或霍亨索伦的人坐上西班牙王位，准备发动战争；第一次世界大战前的 20 年间也是一样，当时法兰西共和国与沙皇俄国结成了同盟。德国人对此感到惊讶，因为他们陷于意识形态和价值政治的想象中，认为革命的母国和反动的堡垒之间不可能出现这样的联盟，但剧情在第一次世界大战之后又重演了，法国与中欧新成立的国家波兰和捷克斯洛伐克建立了密切的关系，这两个新国家形成了一道警戒线（cordon sanitaire），抵挡布尔什维克革命自俄国推进，并遏制德国的魏玛共和国。在另一头，伦敦回避为东欧新建立的国家提供安全保障（Sheehan, 2008: 124），而是试图恢复它在18世纪和19世纪推行"天平之舌"政策时所拥有的政治回旋余地。在这种情况下，德国人显然会寻求与俄国人结盟，甚至两个大国在意识形态上的根本对立都不会构成他们组建地缘战略联盟的阻碍。这不仅仅是1939年8月的《希特勒-斯大林条约》的背景，因为在1922年签订《拉帕洛条约》时就已然如此了。在思考欧洲的统一及其可能的分裂线时，还有在思考与中心的再兴相关的风险时，必须对这些问题在历史上的不同表现进行回顾和考虑。无论如何，如果相信欧洲人会因为被迫从两次世界大战中学到点什么而切实把这一切都抛在脑后，那就太轻率了。法国总统密特朗在1989年深秋为稳定走向崩溃的德意志民主共和国所做的努力，代表了法国政治的持续诱惑，即尽可能地阻止一个执中之权的卷土重来（Heidemann, 2009）。

两次世界大战中的欧洲地缘政治中心

在两次世界大战中，地缘政治因素和价值导向因素在欧洲秩序的塑造中都有所体现。由于德意志帝国感觉自己被法国和俄国的协约所包围，总参谋

第二章 政治文化地理学：欧洲外部边界和欧洲的中心

部针对两线作战的问题进行了谋划。居中的位置和被包围的强迫症结合了起来。根据以长期担任总参谋长的施里芬为名的计划，一旦发生战争，无论具体形势如何，德国的既定方案都是突入中立的比利时，然后迅速击败法国，随后就可以将大部分兵力用来对付俄国人。复盘历史，可以说这个计划从德国中心的角度来看是一场政治灾难：它把欧洲大陆上的各种冲突集中在一起，并强行将之熔炼成一场欧洲大战，而若按照政治的逻辑，这些冲突本应做个别处理（Münkler, 2013：72f.）。基于地缘政治格局及其经济后果，德国事实上不可能赢得这样一场战争。自以为必会在这种战争中取得胜利的强迫性思维，导致了军事支配政治。

除了地缘政治困境之外，还有意识形态或价值政治困境：谁是这场战争中"真正的"敌人？是俄国人、英国人还是法国人？德国政界和德国社会对此并无共识。对于主要敌人，必须动员最大的力量来对付它，对于次要敌人，如果可能，可通过谈判与之达成和平。根据不同的回答，德国社会也产生了相应的分歧。在某些人看来，主要敌人是俄国，俄国在宣传中代表着残酷的镇压（"俄罗斯皮鞭"）和过分的暴行（"亚洲原始部落"），而对另一些人来说，主要敌人是英国（法国在意识形态方面扮演着从属的角色），英国的物质至上和资本主义被描绘

成对德国人共同体观念的威胁（Münkler, 2013:
229ff.）。

由于德国人在战略和意识形态上都未能成功地解决中心的困境，反而用过度的征服计划和并吞东西的目标来掩盖这些困境，这最终促成了他们在政治和军事上的失败。如果剥离1914年前后的特定局势，人们看到的是一种政策上的不祥之兆，这种政策无法应对执中之权面临的特殊挑战。

或许是受豪斯霍弗（Karl Haushofer）及其地缘政治学派的影响（Jacobsen, 1979; Hipler, 1996），希特勒和国防军领导层从1936年起计划在欧洲发动一系列小型的、迅速的以及能够成功结束的修正战争（Revisionskrieg），这些战争在空间上要相互分离，在时间上要有顺序，避免像第一次世界大战爆发时那样把不同的冲突缠作一团。最重要的是避免新的两线作战。鉴于此，希特勒和斯大林于1939年8月签订了条约。之后，1918/1919年后在中欧成立的新国家相继被占领、打败或成为政治附庸。伴随着对波兰和法国的胜利，纳粹德国在中欧和西欧的权势达到了顶峰，这一局面直到英国人也加入战争的时候才发生改变（Sheehan, 2008: 157 ff.）。1941年夏天，希特勒和德国国防军向其时是盟友的苏联发动进攻，由此揭开了战争的第二阶段，也就是通常所谓的"世界观之战"。侵略苏联的决定与豪斯霍弗的想法

第二章 政治文化地理学：欧洲外部边界和欧洲的中心

背道而驰，豪斯霍弗希望建立一个以德国和俄国或苏联为主、以意大利和日本为辅的持久稳固的权力集团。无论促使德意志帝国的政治军事领导层攻击苏联的原因是什么（详见 Hillgruber，1982：351ff.，516ff.），无论是认为迅速击败苏联可以迫使英国人承认德国在欧洲大陆的霸权（这是希特勒在拿破仑1812年的轨迹中读到的地缘政治解释），或是基于国家社会主义和布尔什维克主义在意识形态上的对立（这意味着豪斯霍弗的地缘政治方针被意识形态想象所挫败），第二次世界大战的最终结果对德国来说和第一次世界大战没有两样，均以军事失败而告终，但和1918年不同的是，1945年的失败是决定性的，是彻底的，德国不仅被完全占领，而且大体上被摧毁。此外，因为在东方的罪恶战争以及对欧洲犹太人有组织的种族灭绝，德国担上了使其在道义上名誉扫地的罪责。1945年时，德国显然已经失去了自1871年以来作为欧洲执中之权的地位，当时几乎没有任何有识之士会想象到德国能重回这一位置。我们在下一章具体论述德国及其在欧洲的作用时，将对此进行更详细的回顾。

第二次世界大战结束后，欧洲从1947年起陷入分裂。在东线，经过斯大林格勒战役的转折，苏军反推远达中欧，并最终进入德国，而在西面，美军和英军从诺曼底登陆，打到了易北河。美苏士兵在托尔高的易北河残桥上握手的著名场面,成为德国彻底失败的象征,但这更是以苏联为一方、以西方列强为另一方划分欧洲的象征。雷纳尔、德普拉特等人关于欧洲被侧翼强权压倒的警告,于1940年代末已然成为现实。此后,苏联人在东欧和中欧说了算,西欧则由美国和它越来越弱的小兄弟英国执掌话语权(Sheehan, 2008: 186)。法国被纳入战胜国行列其实体现了英国人和美国人的慷慨姿态,而不是欧洲大陆实权转移的表现。法国在1940年战败后就已经被踢出了列强的圈子,尽管许多法国人不愿意承认。法国在政治上和道义上因维希政权与德国勾结而使自己蒙羞,其作为战胜国之一的资格完全仅仅依赖于戴高乐将军个人,并且戴高乐在1940年后对德国的继续抵抗有时更是一种象征性的而非实际的抗争。如果法国被纳入战胜者行列,那也不是凭借自己的实力,而是依靠美国的监护。

美国以及追随它的英国在西方奉行的政策与苏联在东方不同,这对于欧洲未来的发展来说影响深远。苏联人只主张胜利者是自己,并没有把最先遭受希特勒进攻的波兰提到战胜国的座位上,如果他们这么做了,那么在策略上就好比西方拔高法国的地位。但是,斯大林并不想让波兰人在中欧的政治重组中拥有任何发言权,特别是他还保留了1939年秋天与希特勒签订的条约中的战利品,并用前德国领土补偿了波兰人。

斯大林背后的算计是,波兰由于西移,将不得不顾忌德国人报复和翻盘的想法,因此它势必长期依赖苏联。一个地位与法国相仿的波兰只会扰乱斯大林实施其战略计划。通过比较对法国和波兰的处理方式,西欧和中欧、东欧在第二次世界大战结束后各走一边的不同发展路向就一目了然了。在欧洲,不仅以前的政治中心消失了,大陆被不同的阵营瓜分,而且这些阵营还抱持着不同的政治原则。价值观问题在此重新获得了重要意义。然而,地缘政治的"命令"(Imperative)却也未曾消失。

1945年后 "西方"的地缘政治指导思想

1945年后出现了一系列地缘战略问题,需要第二次世界大战的全球赢家美国从根本上给出明确的答案。从美国自身的角度看,备选方案的基础和依据在19世纪到20世纪之交时马汉(Alfred Thayer Mahan)和麦金德(Halford J. Mackinder)的地缘政治辩论中就已经被讨论过了,美国现在必须决定奉行哪条路线。马汉在研究海权对历史的影响时,主张统治海洋是统治世界的基础,认为这也是近代早期以来所有的海上强国都崛起成为世界强权的原因(Mahan,

1967)。这一观点成为蓝水学派（Blue-Water School）的基本信念，据此，只要拥有一支巨型商船队和一支强大的作战舰队，并建立一个横跨各大洋的基地体系，就能实现世界霸权（Heuser, 2010: 252ff.; Sprengel, 1996: 79ff.）。相反，英国地缘政治学家麦金德在1904年于英国皇家地理学会的一次演讲中指出，"哥伦布时代"已经结束，海上霸权也因此失去了其突出的重要性。由于铁路线的兴建，大陆的开发达到了一定程度，就算陆地霸权尚未取得针对海上霸权的优势，也已经与后者势均力敌（Mackinder, 1904）。麦金德将他的观点集中在一个论题上，即统治世界的关键在于西亚。所以，谁统治了这片心脏地带，并与边缘地带——临海且通达大洋的地区——的大国结盟，谁就能成为世界的主人。外新月地带的势力英国、日本或美国，将无力与之对抗。只有当海洋强国成功地将欧亚大陆的沿海地区置于其控制之下时，才能牵制住强大的陆地力量（参见Kennedy, 1974）。

在第二次世界大战后的美国地缘政治学中（Fröhlich, 1998），这两种相互竞争的方法被结合在了一起。美国在世界大战期间建立的海军舰队确保它控制世界大洋，除此以外，美国还分别控制了其东西海岸对面的沿海地区：在北大西洋是指控制欧洲西海岸，加上控制地中海及沿岸欧洲国家。在太平

第二章 政治文化地理学：欧洲外部边界和欧洲的中心

洋，美国支持的中国国民党败给共产党之后，类似的控制区以太平洋的近岸岛屿为支撑，从日本经台湾，直到菲律宾。为了维持对海岸线的控制权，美国最终在朝鲜和越南发动了两场战争。对欧洲来说，这意味着大陆上已经不存在一个政治中心，顶多只有几个中立化了的居中点，充当着两个集团之间的战略缓冲。如果仔细观察就会发现，两大集团只在德国境内以及在最外围的挪威，还有希腊北部边界的一小部分和土耳其的东部边缘才发生直接碰撞。在斯堪的纳维亚半岛，中立的瑞典和芬兰构成了很大的缓冲区，阿尔卑斯山和巴尔干地区类似，巨大的缓冲区从中立的瑞士到中立化了的奥地利，一直延伸到不结盟的南斯拉夫。这说明，上述两个地区皆成了不再以传统形式存在的欧洲之中心的替代者。从地缘战略的角度看，两次大战也是围绕欧洲中心和边缘之关系而进行的战争，战争结束后，强大的中心随之消失，注意到这一点的人起先松了一口气，不少人认为这是解决欧洲秩序问题的出路。后来，波兰、匈牙利和捷克斯洛伐克重拾中欧思想，把它当作地缘政治替代方案提出，以图这一地区不被纳入东方集团，才改变了这一状况（Schmidt，2001：78ff.，113ff.）。这些国家对中欧的讨论不仅在意识形态上，也在地缘政治上挑战了苏联领导层，所以苏联对一切与之有关的政治企图采取了相应的强硬行动。比较之下,德国的情况截然不同,自从阿登纳拒绝了斯大林的中立化提议以及联邦共和国投向西方后,关于中心的想象就不再是一个话题了。在民主德国,一切相关议题在政治上都是犯罪,而在联邦德国,人们强烈警告不要让它死灰复燃(Schultz, 1987;1991)。欧洲的中心再度受到关注是从东方集团的西部边缘开始的,但从某种程度上说,该话题在此也不过等于"一路向西"(温克勒)的愿望罢了,而这一点是无法公然说出来的。

阵营对峙的终结和欧洲东缘的新问题

回过头来看,在1989年秋天崩溃的不仅是苏联帝国的外部体系,还有以东西方不可调和的对峙为基础的欧洲战后秩序。和平革命是一场中欧的革命,它以1980年代初波兰"团结工会"成立为开始标志,1989年夏天波及匈牙利,秋天又动摇了东德的根基,之后在11月初终于到达捷克斯洛伐克。推翻旧政权是一回事,建立一个在政治、社会和经济上稳定的秩序又是另一回事,而且很快就可以看出,如果没有西欧的帮助,这是不可能实现的。所以欧盟在南扩和北扩之后,又把东扩提上议事日程,与此同时,这种扩张可以走多远或应该走多远的问题,

第二章 政治文化地理学：欧洲外部边界和欧洲的中心

随即也被提了出来（Kreis, 2004: 67ff.）。在向南和向北扩张的情况下，大陆的地理轮廓已经明示了扩大进程的终点，在东扩的情况下，则缺少这样的地理指示。当时的俄罗斯一如其旧，仍是个半欧半亚的大国，如果让这个巨无霸帝国加入欧盟，带有深深西欧烙印的欧盟也容不下它。相较于地理边界，政治和文化边界能够更严格地限制欧盟东扩的余地，但究竟是什么支撑着这种用以涵括谁和排斥谁的划界，仍不甚明晰。如果把它理解为拉丁基督教的扩张，很显然这意味着将在东正教会的影响一度（现在再次）超过天主教和新教影响的地方画上一条边界线。届时，捷克斯洛伐克、波兰和匈牙利将成为欧洲计划的一部分，波罗的海国家将会如何还不清楚，而对于当时正面临解体的南斯拉夫来说，涵括和排斥的界线将穿过整个国家的中间。可是按照这种处理方式，不仅保加利亚和罗马尼亚，甚至是希腊，都会被排除在欧洲之外，与土耳其之间拖沓日久的入欧谈判也可以立刻关闭了。

这样一个有限的欧洲将会是，或仍然是一个"西"欧。假若如此，它的东部边界就会毗邻政治不稳定、经济不发达的地区，它也会因此持续受到压力。俄罗斯和欧盟中间存在一个政治和社会的不稳定区域，这是人们既不愿看到又无法承受的。因此，欧盟组织了两轮重要的入盟谈判，这使得它的外部边界从波罗的海东端延伸到黑海西岸,后来随着塞浦路斯的加入,又延伸到地中海东部。这个过程既没有遵循以政治-文化认同为导向的边界线,也没有以社会经济结构的相似性为指导,而是遵照了不允许出现脆弱的边缘地带这一要求。所以这个思路不是从中心出发,是由外向内的。摩尔多瓦和乌克兰的问题被搁置了下来,因为它们被划入了俄罗斯的势力范围,人们认为俄罗斯将意识到自己对这两个国家的政治稳定和经济繁荣负有责任,并担起责任。

地缘政治挑战和基于文化认同的共同体建构之间的紧张关系在这里再一次显露出来。后者的目光只注重于内,将历史上有联系的空间、共同的文化印记和相似的政治发展路径化为归属的标准,并从排他性的角度来适用这些标准,但地缘政治不论是缔结同盟、划定势力范围,还是重视尽可能地压制边缘地带的麻烦,在很大程度上是由外部需求所决定的。欧盟目前的外部边界代表着地缘政治需要和身份认同之间的一种妥协,其结果是,大量的异质离心力正在作用于欧盟内部。如果有一个强大的中心能将这些离心力转化为向心力,或者能发挥向内凝聚的作用以中和离心力,那么上述情况就是可以容忍的。由于欧洲人无意给联盟明确划定一条一劳永逸的东部边界,这就使得一个强有力的中心愈加

第二章 政治文化地理学：欧洲外部边界和欧洲的中心

必要了。但问题是，这个中心是否真的存在？如果存在，那么它是谁，或者它在哪里？这将在下一章予以展开。

在这些思考的最后，我们应该再看一看价值约束或意识形态上的亲近性与地缘政治的要求之间的关系。在考察法国对哈布斯堡帝国的政策以及第一次世界大战之前法俄之间协约的形成时，我们已经触及这个问题。事实证明，当价值约束与地缘政治挑战相互竞争时，败下阵的往往是前者。这是欧洲权力政治的结果。现在有人谈到1945年后的"西方"格局时，还赞成这依然是欧洲权力政治的结果。但也有人说，这种权力政治已经随着美国1945年后介入欧洲政治而终结了，因此东西方冲突是价值观和原则的冲突，而非地缘政治格局的冲突。

不过，如果我们看看北约，还能说东西方冲突果真只是价值观和原则的冲突吗？毕竟葡萄牙、希腊和土耳其在很长时间或者一段时间内，属于不能被称为民主的政权。更坦白地讲，虽然这些国家建立了军事统治，但其联盟成员资格并没有被中止。葡萄牙对于控制欧洲大西洋沿岸来说不可或缺，北约为了确保其东南侧翼的安全，也离不开希腊和土耳其。所以，尽管这些国家存在严重的侵犯人权的行为，但仍然是北约的成员。地缘政治"命令"的分量超过了政治原则。

北约是一个战略联盟,它有一套价值观,但不是对所有成员都有约束力。相比之下,最初的欧洲计划,亦即六国经济共同体,是一个基于共同身份并分享价值观想象的共同体,却缺乏战略维度。因此,为了保持凝聚力并能够采取战略行动,北约一直依赖着一个强大的中心,那就是美国。美国基本上扮演着武装力量最高指挥官的角色,虽然它不在联盟地区的地理中心,但在联盟地区的要害地带部署部队使之成为政治中心。北约的地理中心位于北大西洋的某个地方,从这一点来说,联盟的名称——北大西洋公约组织——是非常恰当的。欧洲经济共同体与之相反,只要它仍是一个六国共同体,就不需要强大的中心,甚至可以允许其组织机构在布鲁塞尔和斯特拉斯堡之间游移。然而,这种情况随着连续几轮的扩张而起了变化,欧洲计划越大,法德合作,即所谓的波恩-巴黎轴心,就越重要。此后,它必须把不属于自己的东西糅合在一起。

第三章

德国在欧洲：
从中心到边缘，再回到中心

欧洲的帝国分割和信仰分裂简史

对大型帝国的形成史进行比较研究得出的结论表明，一旦帝国建构超出了一定的空间范围，并遭受到来自边缘地带的各种挑战，或者一旦帝国的某些部分之间在社会结构和政治文化方面表现出明显的差异，帝国就会表现出较高的分割倾向（Münkler, 2005: 96ff.）。人们可以用过度扩张法则来解释帝国的分割，就像肯尼迪在《大国的兴衰》（Paul Kennedy, 1989）中所做的研究那样，他指出，分割多半是为了阻止帝国衰落的措施，却导致了加速其衰落的结果。但是，分割帝国的政策也可以解释为帝国中心的结构性软弱所致，中心驯服不了大帝国的离心力，因此它对于本应察觉到的朽败趋势的反应是把单一中心变成双中心乃至三中心,期望这些中心能够控制和整合分配给它们的空间,同时能进行某种方式的彼此合作,从而维系大帝国的凝聚力。帝国的分割计划一般来说是以一半成功一半失败而告终:对空间较小、社会结构相对单一地区的整合是成功的,而帝国各部分之间的合作和相互支持的问题却越来越多。最后,帝国解体成为两个或更多的部分。近来关于将共同货币分为(硬性)北方欧元和(软性)南方欧元的辩论引发了人们对欧洲计划的类似担心。历史的比较说明,欧盟在共同货币分裂的情况下肯定是无法存在的。

所谓帝国的分割,除了指将政治上统一的大空间分解成更小的单位外,还包括信仰的分裂。信仰分裂以后,以前跨越政治边界、给大空间的心灵统一提供保证的宗教文化也解体了。至少就欧洲而言,这里要强调指出的是 1054 年所谓的"东方分裂"(das morgenländische Schisma),它导致了西方基督教和东方基督教的最终分立。还要提到的是,1517 年路德发表论纲和随后的宗教改革。不同于东西方的教派分立,宗教改革的后果是把拉丁基督教分成了新教的北方和天主教的南方。法国历史学家勒高夫(Jacques Le Goff)在其《欧洲史》(1994)一书中认为,这种分裂对欧洲历史进程影响巨大。即便宗教

第三章 德国在欧洲：从中心到边缘，再回到中心

认同早已不再像以前那样举足轻重，但在今天关于政治欧洲的外部边界究竟在何处的争议当中，以及在政治文化或劳动性格所塑造的欧洲内部空间里面，人们仍然可以察觉到宗教认同的痕迹。例如，1990年代围绕欧洲计划东界的争论反复提到拉丁基督教和东正教之间的分界线，而最近关于欧洲共同货币分为北欧欧元和南欧欧元的讨论，基本上都是按照新教和天主教国家的区分来进行的。对德国政治的指责之一是它想把新教的劳动伦理精神强加给整个欧洲。这个指责也绝非巧合。相反，在最近针对伊斯兰教的"西方"概念的新版本中，一种属于基督教信仰分裂背景的话语被重新激活了。尽管在德语中，"西方"（Abendland）这个词到16世纪时方才作为路德在其《圣经》译本中引入的"东方"（Morgenland。准确地说：与耶稣诞生有关的"东方的智者"）概念的类比构词而出现（Köhler, 1985），但"西方"这个话语可以追溯到8世纪，当时的教皇斯德望二世拒绝承认拜占庭帝国对罗马教廷的宗主权，转而求助于法兰克国王丕平作为其保护者。公元800年，丕平的儿子卡尔（查理曼）在欧洲西北部加冕为皇帝，这标志着西方和东方基督教的最终分立。即使"西方"有时被当作"欧洲"的同义词来对待（Faber, 1979: 109 ff.），但对于在信仰分裂背景下产生的西方概念来说，其论战的弦外之音从未完

85

全消失。由于年代久远，信仰分裂看似已经不再在人们的自我认知中起实际作用，不过一旦身份认同问题被摆上谈判桌，或者当经济变化增强了欧洲内部离心力，它就会重新出现在政治议程上，或成为政治宣传的对象。

欧洲历史上有两次大的帝国分裂。一是罗马帝国分为西、东两个部分。这个分割起初被当作行政管理过程，但后来导向分裂，产生了各自独立进行政治决策的两个帝国；二是通过《凡尔登条约》（843），从加洛林帝国分出了东法兰克王国和西法兰克王国，由此产生了针锋相对争夺欧洲统治权的德国和法国（Schulze, 1987: 328f.）。在关于欧洲内部空间互动协调问题的辩论中，这两次大分裂仍占据一席之地：涉及欧洲认同及其排他性成分的争论受罗马帝国分裂和东方教派分裂影响；涉及德法对立以及建立德法轴心以作为欧洲计划不可替代的基础时，加洛林帝国分裂的影响有所体现。巴黎与柏林的合作则被理解为对《凡尔登条约》的功能性修订。乍一看，这些充其量不过是会在受过教育的资产阶级圈子里流传的用历史叙述来创造意义的说法，但仔细观察后就会发现里面涉及一个先例性的事件，即政治上联合在一起的大空间因为中心软弱和离心力强大而崩溃。如果欧盟缺少一个强大的中心来维系自身，那么它会面临什么后果？欧洲帝国和信仰

第三章 德国在欧洲：从中心到边缘，再回到中心

的分裂史将是一个警示。

在戴克里先皇帝推动行政重组之前的几十年里，罗马帝国内部的离心力急剧增加。这尤为明显地体现在，当一个军团在帝国的某个地区取得了对外敌的胜利后随即宣布他们的主帅为皇帝，并同他一道前往罗马，强令所有反对派和竞争者接受。这由此催生了东部军团和西部军团之间的长期对立。罗马作为帝国一直以来的中心，非但无力终结这种对立，自己反而成了战利品，无论来自帝国哪一半的军团得胜了，都能拥有它。为了打破这种机制，自己也是借这种方式上台的戴克里先决定进行一项根本性的改革，把"无政府的多元主义"转变为有秩序的"政府多元主义"（Heuss, 2003: 436f.）。他安排自己的战友马克西米安担任共帝"奥古斯都"，在两个皇帝之侧，他又各安排了一个做帝位继承人的次帝"恺撒"。* 这样一来，离心力就被削弱了，尽管代价是执政中心的多元化及其进一步后果——罗马的帝国中心地位的严重弱化。自戴克里先开始的去中心化在其继任者手中继续进行。对此，古代史学者豪伊斯（Alfred Heuss）写道："[戴克里先的]驻跸地是根据皇帝的实际需要和个人倾向选择的，不管是

---

* 公元 3 世纪末至 4 世纪初，戴克里先皇帝实行"四帝共治"：东、西罗马分治，各设一位正帝和次帝。正帝头衔为"奥古斯都"，次帝头衔为"恺撒"。

设在米兰、巴黎、特里尔还是尼科米底亚,都是如此。[……]只有第二首都君士坦丁堡再次成为皇帝驻跸地,从而获得了罗马失落已久的特质。"(Heuss, 2003: 442f.)

116 　　随着君士坦丁堡成为帝国的新中心,帝国的重心也长期东移,西边越来越成为东方的附属物。结果,东方在日耳曼移民的侵袭下还能稳住自己,而西方的帝国秩序不断瓦解,帝国的外部边界无法维持,罗马也最终被"蛮族"征服。随着日耳曼诸王国在帝国领土上建立起来,罗马帝国在西方不复存在,而在东方,尽管形式上有所削弱,但罗马帝国仍然继续存在了一千年之久。如果不从西欧的角度看,人们也可以说这是通过缩小规模和迁移中心来拯救帝国。从东罗马的角度来看,由戴克里安发起并由君士坦丁继续推行的帝国分割政策,是对占据优势的离心力的成功回应。不过,就帝国整体及其所组织起来的空间而言,这才是终结的开始,因为它意味着西部地区繁华的终结、发达的交通和通信线路的逐渐衰败以及城市文化的瓦解。最迟自吉本(Edward Gibbon)以来,罗马帝国西部的没落已经成为一种缩影和标志,象征着发展程度较高的世界崩溃并被文明和文化上都更蒙昧的秩序所取代的过程。

117 发挥整合作用的中心不堪重负和失灵,乃至损毁,后果是深远的,也是毁灭性的。

第三章 德国在欧洲：从中心到边缘，再回到中心

查理曼的子孙们瓜分加洛林帝国是按照另一套规则来的，这里的划分不是一分为二，而是一分为三。这个过程中大体上产生了一个强中心/中部，它不仅占据了帝国里面规模较大和最富有的部分，而且还承载着皇帝尊严（Kaiserwürde），据此对帝国的东法兰克部分和西法兰克部分拥有宗主权。此外，中法兰克的统治者洛塔尔皇帝还拥有罗马和亚琛等加洛林帝国的象征性中心。但由于王朝的偶然性——按照日耳曼人的习俗，遗产要在儿子们之间划分——以及统治者的孱弱，中部在面对东、西两个王国强势而果断的统治者时无法维持中心的地位，以至于其阿尔卑斯山以北地区被东西两家瓜分。中法兰克收缩到包括罗马在内的意大利北部和中部。此后，即使皇帝尊严还在它手中，也起不了多大作用了，中心已经被排挤到了南方。直到东法兰克的萨克森诸王对皇帝尊严以及它所蕴含的西欧宗主权资格产生了新的兴趣，意大利才再次重要起来（Schulze, 1987: 330-342）。查理大帝的帝国中心由罗马和亚琛这两个具有象征意义的地点联合组成，其中一个代表意志坚定的统治者人格，他受命运女神垂青，另一个代表忠诚的公爵、伯爵和主教阶层，他们关心帝国的凝聚而非瓦解。这样的事情不可能被制度化，所以加洛林帝国的解体只是时间问题。以9世纪的权力资源，特别是由于日耳曼人继承法

的效果，这样一个大帝国不可能维持下去。它的中心在结构上是超负荷的，其效能取决于偶然因素。

后来的欧洲大帝国都兴起于大陆的边缘地带：东部是沙皇俄国，它扩张到西伯利亚，也向南部和西部延伸；北部是17世纪以波罗的海为中心的瑞典帝国；东南部是哈布斯堡帝国，它向巴尔干半岛推进；西部是葡萄牙人和西班牙人的殖民帝国，接着是英国人和荷兰人的殖民帝国，最后是法国人的殖民帝国。除了瑞典和哈布斯堡帝国之外，这些帝国的建构都有跨出欧洲的特点，甚至产生了只有一只脚在欧洲，另一只脚在美洲、亚洲，最后还在非洲的帝国。成为世界政治的玩家之后，欧洲大国不再认为自己只属于欧洲。直到20世纪五六十年代欧洲人放弃了他们的殖民帝国，这种状况才发生转变。殖民大帝国的灭亡是欧洲计划得以重启的先决条件，（西部）欧洲的主要大国将注意力转回了自己身上。当然，英国人仍未能就他们是想成为欧洲的一部分，还是想成为美国的近海群岛达成一致。在这一点上，他们与俄罗斯有着突出的相似之处，俄罗斯人也在靠拢欧洲和远离欧洲之间摇摆不定。英国和俄罗斯之间无疑也有重要区别。英国人经历的是一段忧郁回忆，俄罗斯人则有可能把这种摇摆变成一个进攻计划的蓝图。

第三章　德国在欧洲：从中心到边缘，再回到中心

三十年战争是"中心"的一场灾难

欧洲边缘大国的成长和强大对应着中心权力的不断丧失。随着三十年战争的爆发和进展，中心失能的状况暂时达到了顶峰。在较早的文献中，这场战争大多被描绘为宗教或教派战争，因此被理解为欧洲内部分裂的结果。毫无疑问，它确实是一场教派战争，但也不完全是。战争是围绕波西米亚王位的冲突引发的，维也纳皇室和波西米亚诸等级均声称自己有权处置王位。波西米亚人为了显示他们不受哈布斯堡节制的自主性，刻意推举了一个加尔文派信徒普法尔茨选帝侯腓特烈五世为国王，也希望以此为自己争取教派支持。他们的盘算是，要想在对抗强大的哈布斯堡时安然度过可想而知的冲突，就必须依靠较大一方的力量。此前，教派之分已经在帝国中导致了派别的形成，这些派别内部通过军事支援的义务相互串通。天主教阵营与加尔文派的联合分别组成了军事联盟，彼此对峙，而路德派通常置身事外，对于冲突升级没有起到什么催化作用。就这样，最初的地方性冲突演变成了席卷欧洲的大火（Parker, 1987: 86 ff.），还有人不断拾薪添柴，因为通过教派所串联起来的势力并不局限于帝国内部。

通过研究三十年战争的历史，我们可以详细领会前面几章中描述的机制，即欧洲内部的分化首先是对中心的弱化，而中心的虚弱又导致邻居的干预越来越多。中欧陷入了暴力的漩涡（Englund, 1998），在很长一段时间内，没有人知道如何摆脱困境。

这场发生在欧洲中心和环中心地带的战争的可怕之处在于，它并不会"燃尽"。通常情况下，近代早期战争的交战各方所能获得的资源很有限，战争也会急剧加速资源的消耗。不久以后，武备的钱袋倒空，手头的兵力精疲力竭或损失殆尽，那么至少就有一方倾向于结束敌对行动。可三十年战争中的情况就不一样了。总的来说，这场大战是由几场连续的战争组成的，这些战争彼此可以区分开来。每场战争最后，要么交战方皆已耗尽了力气，要么其中一方在遭受重创后退出作战，然而随即便有新的参战方从外部介入，把本已熄灭的战争之火重新点燃。从北方介入的先是丹麦人，然后是古斯塔夫（Gustav Adolf）领导的瑞典人，从西方介入的是法国，西班牙人则是从南方。为了在德意志兰作战，哈布斯堡皇室调集了其在意大利和巴尔干地区的资源。就这样，几乎所有的欧洲国家都参与了战争。虽然它们中的一些在此有生死攸关的利益，但另一些只关心如何使欧洲的权力格局向有利于它们的方向转变。欧洲霸权的争夺战是在大陆中部尤其是在德意

第三章 德国在欧洲：从中心到边缘，再回到中心

志进行的。

当这场战争终于告一段落，并于 1648 年秋天在明斯特和奥斯纳布吕克缔结和约时，并没有谁是真正的胜利者。不过，欧洲的权力关系已经发生了根本性的改变：几乎所有从外部介入战争的各方，现在都插手了德意志帝国内部的统治，而那些正式主权在明斯克和奥斯纳布吕克得到承认的统治帝国土地的王公们，还试图去依附于这套秩序的某个保证人（Simms, 2014: 81ff.）。帝国内部统治领域的碎片化，加上近邻强国对帝国秩序的影响，这两种情况在 19 世纪和 20 世纪的历史学中均被描述为德国的厄运，它们导致了民族建构和民族国家建构的迟到，致使德国在争取强国乃至世界强国地位的竞赛中掉了队。根据这种观点，德国人困于三十年战争及其后果当中，因为软弱所带来的创伤和外部的持续干预及其造成的破坏，促使德国人采取了攻击性的强硬政策以不惜一切代价来防范软弱的重演，最终导向了目前的结局，包括德国在两次世界大战中的所作所为。

弱中心与强中心

自 17 世纪中叶以来，中心的软弱性一直是欧洲

政治秩序的先决条件。随着1871年1月18日德意志帝国的成立，德国在大陆上逐渐成长为准霸权，原本的欧洲秩序就难以维系了，因为一个强大的中心出现了（Dehio, 1947: 196f.）。亦即，欧洲的权力平衡在中心孱弱的前提下才得以实现，英国在此充当着"天平之舌"（Vagts, 1942/1979）。这一时期的欧洲均势达到平衡的关键点在边缘而不在中心，因此，任何在西欧和中欧主张霸权的大国迟早都会与英国发生冲突：在18世纪和19世纪初是法国，在19世纪末20世纪初是德国（Simms, 2014: 333ff.），这一点不难理解。引人注意的是，在通过英国人实现的这个权力平衡上，俄国没有扮演任何均势破坏者或平衡者的角色。虽然俄国自彼得大帝以来影响了欧洲中心的政治格局，而且在战胜拿破仑之后甚至崛起为中欧和东欧的霸主，但英国人并没有把它看成是对自己欧洲地位的挑战者，因为俄国人的权力投射只触到中欧，未及西欧。

俾斯麦之所以能够成功建立帝国，首要的一点是给英国人留下了这样的印象，即在小德意志解决方案中统一起来的德国不会挑战英国迄今为止的地位，因为小德意志可以融入欧洲的权力均势当中。这样俾斯麦就把英国拉到了自己这边。然而帝国成立几年之后，德国经济迅速崛起，英国人的看法也随之改变。伦敦开始怀疑德意志帝国对英国在欧洲

第三章 德国在欧洲：从中心到边缘，再回到中心

地位的威胁是否比法国和俄国还要大，因为后两者更可能跟英国发生冲突的地方是在海外。于是英国开始向法国靠拢，加上法国和俄国结盟，导致前面提到的被包围的恐惧在德国蔓延开来。为了理解德国作为迄今为止最大和最强的欧盟成员国重返欧洲中心所面临的政治挑战，人们必须牢记这些状况。德国在1890年至1945年期间的欧洲政治中所扮演的角色是一个负担，限制了它今天在政治上的腾挪空间。

带有普鲁士色彩的史撰对17世纪至19世纪中叶的弱中心状况持负面态度，但随着20世纪80年代以来欧洲一体化在（西部）德国历史学中的繁荣，这种态度有所软化（Stollberg-Rilinger, 2014）。德国在欧洲的霸权野心破灭之后，旧帝国的宪法受到了更友好的评价，人们不再强调它包括禁止帝国军队越出国境等一些对外政策上的弱点，而是强调它对皇帝和等级的约束。阿雷丁（Karl Otmar v. Aretin）在其《旧帝国史》中就认为，与其说应把帝国的政治软弱归因于法国和瑞典可能的影响，不如说这是皇帝作为帝国中最有权的行为者仍被迫顺从于帝国宪法的结果（v. Aretin, 1993：29）。与此同时他也承认，德意志帝国之所以经受住了法国和奥斯曼帝国的冲击，乃是因为其秩序内部的奥地利已经发展成为欧洲的一个大国，并且在18世纪中叶普鲁士崛起

之前独自担起了保卫帝国的重担（v. Aretin, 1993: 28; 1997: 81ff.）。就此而言，旧帝国的辩解者致力于解读一个困难的命题：这个帝国不是欧洲和平的干扰者，反而更是缓冲区，它困住了从边缘闯入的扩张势力，还常常耗尽它们的力量。位居中央的神圣罗马帝国也曾是吸收和化解其他列强侵略企图的缓冲器。但是，它不得不为这一服务于欧洲共同利益的事功付出代价，包括其外围地区的一再破坏、帝国部分领土的损失、国家建构的迟滞——不是指帝国层面，而是指大型领土国家层面。这个代价相较于德国在20世纪上半叶为其霸权政策所付出的代价来说是非常小的，但它也已然算是某种代价。从事后的角度看，一种代价的可容忍度是根据对自身当下状态及其直接前史的认识来决定的，而弱中心的代价，即外交政策的回旋余地更为有限（Hacke, 2003: 279-334），对波恩共和国来说就不像前几代历史学家估计得那么高。这是很好理解的。

上述那种欧洲秩序的稳定当然最终要取决于反对帝国的外部力量有没有占上风。德意志帝国在拿破仑打击之下的崩溃是法国大革命的后续事件，随后诞生了一套新的欧洲秩序。这套秩序最初以法国为霸主，维也纳和会之后又以法国、普鲁士和奥地利的平衡为基础，以"准欧洲强权"俄国和英国为保证人。它基本上是由梅特涅一手缔造的，其结构

第三章 德国在欧洲：从中心到边缘，再回到中心

上的秘密是，中心大国普鲁士和奥地利虽然相对强大，但又不至于太过强大。对于后一点，至少普鲁士和奥地利对欧洲中心主导权的争夺可以提供保证（Bleyer, 2014; Zamoyski, 2014: 455ff.）。随着奥地利在 1866 年的战争中被普鲁士赶出德意志，特别是随着 1871 年 1 月 18 日德意志帝国在凡尔赛"镜厅"这一法国昔日霸权的核心之处宣告成立，形势有所改变。如上所述，强大的中心对欧洲来说并非好事，而支撑此强中心的德国人也必须付出高昂的代价，最起码是一份明显高于弱中心时代的代价。因此不足为奇的是，对联邦德国 1990 年以来崛起成为欧洲组织的中心持怀疑态度并反对由德国来领导欧洲的，恰恰是那些受过历史教育的人。如果他们不是这种立场，反而令人惊讶。在 2014 年再度热闹起来的关于德意志帝国对第一次世界大战爆发有何责任的辩论中，强中心或弱中心及其对欧洲秩序的意义问题仍然是一股潜流。

如果不从历史事件的先后顺序，亦即不从德国政治的幻想、错误和罪行来描述欧洲强中心的历史分期，而是分析强中心的结构必然性及其效应的话，可以注意到，针对中心实际的或猜想的优势地位存在一种组成反霸权联盟的强烈倾向。在欧洲权力平衡的条件下，这是一种体系性的必然状况。按照国家间世界的无政府预设，中心可能向任意方向扩张，

执中之权：德国在欧洲的新使命

根据在国家间无政府状态下自我保存的要求，中心也必须扩张，既然如此，与中心相邻的势力几乎不可避免地会相互结盟以反对这个中心。这样一来的后果是，中心因陷入重围感到不安，进而产生了在时机来临时必须从最薄弱的地方将这个"列强包围圈"砸开的图谋。这就是19世纪末以来德国政治所遵循的指导思想，它直接导致了1914年至1918年的世界大战。不仅如此，法国人希望削弱欧洲中心的准霸权行为者，俄国人需要恢复他们在德意志帝国成立前对欧洲事务的影响力，以及英国人担心他们可能不得不面对一个屈从于德国霸权的欧洲，都是出于同样的逻辑。

俾斯麦把握住了欧洲权力格局的强中心症结，因此他宣布德意志帝国已经心满意足（Hildebrand, 1995: 13-146; Stürmer, 1983: 193-248）。他这样做的目的是向邻国发出一个信号，即它们没有必要参加某个针对德国的联盟，因为谁都不必考虑德国的扩张意图。恰恰相反，俾斯麦试图将德意志帝国定位为欧洲权力格局中的一个稳定和平衡因素，但他也十分清楚，自帝国成立以来的欧洲政治诸种机制促使法国和俄国走向结盟。为了避免出现这种对德意志中心来说非常危险的局面，俾斯麦寻求通过《再保险条约》来确保与俄国的信任合作，同时，他又努力将法国政治的注意力从欧洲引向以阿尔及利亚为

第三章 德国在欧洲：从中心到边缘，再回到中心

焦点的北非属地，引向撒哈拉以南非洲和印度支那的殖民帝国。俾斯麦偶尔挂在嘴边的"五球游戏"(Spiel mit den fünf Kugeln)，就是围绕着平衡欧洲权力关系和防止出现反中心联盟的问题而进行的。在这场游戏中，德英关系发挥了关键的政治作用。只要英国能够继续充任法俄联盟的潜在制衡者，我们就可以认为欧洲秩序是稳定的。虽然英国人由于强中心的出现失去了对欧洲政治的一些眼前的影响力，但假若欧洲秩序陷入倾斜，他们还将继续扮演潜在平衡者的角色。这完全符合英国的利益，因为它使帝国（Empire）能够集中资源应对欧洲以外的挑战，同时仍在欧洲保持政治存在，尽管是作为潜在而不是现实的权力因素。

欧洲中心的新帝国从这种格局中收割的权力在1878年的柏林会议上初露峥嵘。在俾斯麦领导下，当时巴尔干地区的政治关系出现了一个新局面。俾斯麦提出了"诚实中间人"的口号，希望用它来描述帝国在欧洲政治中的作用。当然，这只有在德意志帝国不参与世界政治，至少是政治上局限于欧洲的情况下，才能行得通。然而大约到19世纪末，德国经济的崛起已是有目共睹，这就把德国政治推向了"世界政治"的方向，即为了保障崛起中大国在世界范围内的经济利益而在全球层面进行权力投射。1890年俾斯麦倒台以前，巨大的挑战已经有所显

现，此后更不可避免地愈加尖锐，那就是如何在德国人的全球经济存在和将政治野心自我限制在欧洲之间取得平衡，以及如何继续在欧洲发挥平衡和稳定的作用。这不仅是全球经济利益和将政治野心自我克制于内陆之间的平衡，也是富于活力的、始终在变革的经济和明显保守的、主要关注防止变革的政治之间的平衡。1914年以前的德国政治在这一任务上失败了（Hildebrand, 1995: 49-248; Stürmer, 1983: 248-365; Ullrich, 1997: 193-249）。

德国人未能应对中心面临的挑战

对上述失败的分析直接关系到当前的格局和联邦德国在欧洲的新角色，特别是在人们问及这种失败是否无从避免的时候。是不是因为德国政治的处境要么过于复杂，要么过于暧昧，所以即使更娴熟、更有远见的领导层面临这种情况，也会铩羽而归？或者更是因为政治上的笨拙和半遮半掩的狂妄，还有受怨恨驱使的获得认可的需求，导致俾斯麦的继任者尤其是威廉二世皇帝把事情搞砸了？在相关文献中，这一点经常被尖锐化为这样的问题：如果俾斯麦继续留任，他能否驾驭得了上述挑战，还是说甚至他也会失败？虽然对这样的问题我们无法给出

第三章 德国在欧洲：从中心到边缘，再回到中心

结论性的回答，但在1890年至1914年的德国政治决策中的确可以发现大量的拙劣举动和本可避免的错误，以至于人们认为中心要面对的挑战基本上是能够应付的，问题是可以解决的，只不过当时任非其才罢了——某种类型的挑战需要相应类型的政治家占据岗位和要职来应对，但在位的并不是处置问题的正确人选。

韦伯等当时的观察家把大量的拙计和失误归咎于以1871年帝国宪法为依据的政治人员特殊征募体制。韦伯首先瞄准的是文官升迁制度和政治高层对皇帝而不是议会信任的依赖。他认为，另一种选拔机制，即在公开的竞技场上以政治斗争为基础的选拔机制，会使更优秀的、至少是更合适的人才走上政治岗位（Weber, 1918/1980）。韦伯之所以有此信念乃是因为他观察到，西方民主国家的政治家都是在争取政治多数的斗争中脱颖而出的，他们在战争爆发前和战争期间的表现比其德国对手要老练得多。[133] 对20世纪前20年奉行议会宪制的德国在面临上述境况时是否会采取不同的、更加明智的政策，很难给出事后判断。当然，通过制度化的权力竞争和影响力竞争，可以比任何其他政治秩序都能更好地协调各种挑战与负责应战的政治家们的关系，属于（议会）民主制的基本假设之一。这就催生了一种期待：21世纪初焕然一新的德国政治结构足以应对

20世纪初的德国人未能挺过的那些挑战。

失败的历史无须在此详细回溯，它是众所周知的，并且上文已经就与此相关的问题进行了概述。不管怎么说，由于这一失败，中心在欧洲战后秩序中缺位了。四十年来，欧洲既没有强势中心，也没有弱势中心，而是代之以两大全球政治集团在德国的直接对抗。结果是德国的外交政策失去了独立自主权，或者更确切地说，两派的强势没有给德国留下多少回旋余地（Hacke, 2003）。德国的分裂和国家内部边界的走势，首先可以认为是1945年1月至5月间战争进程的结果，所以在很大程度上是偶然的。其次，它也可以看作是雅尔塔和波茨坦会议的结果。在会上，第二次世界大战的战胜国就欧洲的重组和各自的势力范围达成了协议，这意味着德国的内部边界是战胜国议定的结果。最后，人们或也可从欧洲政治秩序的结构性命令当中寻求战后秩序结构的根源。在弱中心和强中心都没能在欧洲建立起稳定的和平秩序，或者说始终未能取得令人满意的结果之后，斯大林、丘吉尔和罗斯福"三巨头"决定，从现在起应该试一试完全没有中心的情况。俄英美自18世纪以来皆为欧洲地缘政治中侧翼强权的代表，这一事实无疑也对三巨头的决定有所影响（Edmonds, 1992: 389ff.）。他们据此在雅尔塔和波茨坦采取了相应的行动：在关于欧洲战后秩序的安排中，

第三章 德国在欧洲：从中心到边缘，再回到中心

中心没有任何地位，只是一个讨价还价的对象而已。

更加引人注目的是，德国1990年统一后，这个欧洲中心复兴的速度是如此之快，遭受的阻力是如此之小。苏联主要忙于内部重整，它的虚弱以及美国对欧洲中部可能出现权力政治真空的担忧无疑为此带来了便利，以致法国和英国对一个由德国把持的欧洲中心的顾虑没有发挥出它们原本极有可能产生的影响，而在20世纪曾是德国扩张政策的对象和受害者的中欧各国，因其本身也正经历着深刻的政治动荡，没有参加被称为"二加四"协定的关于德国未来的谈判（Conze, 2009: 737 ff.）。时任联邦总理的科尔后来表示，两德统一的机会窗口只在有限的时间内打开——这个时候他想到的首先也是欧洲秩序的权力政治后果。在一个更加固化的欧洲秩序中，重新形成的强中心所要遭受的阻力也会更大，人们对此必须心中有数。至于科尔和他的顾问们在多大程度上考虑到了这种阻力，可以从他们宣传两德统一时所使用的防卫性言辞当中，以及他们甘愿允许德国马克被欧洲共同货币所吸收这件事当中看得出来。要知道，马克可是德国在欧洲某些地区经济准霸权角色的象征和工具，同时也是联邦德国人民自1950年代以来最重要的认同之锚（Münkler, 2009: 455 ff.）。为了避免招摇，新的欧洲中心首先把自己扮得微弱渺小。

人们最开始并没有注意到欧洲权力结构和影响力结构正在发生根本性的变化。统一初期的兴奋劲过去后,德国人开始忙于处理整合进程中的经济和社会动荡,所以在很长一段时间内,特别是在暂时完全看不清楚共同发展之路是否会成功的情况下,他们有理由专注自身(参见 Conze,2009:775-819)。此外,南斯拉夫在一系列血腥残酷战争中解体还给当时的欧洲带来了另一种忧虑。有人抱怨欧洲人无能,也有人抱怨欧洲人缺乏意愿在必要的时候用武力给这场战争画上句点,最后是美国不得不再次接过领导之位以结束巴尔干战争(Wirsching,2012:121)。此后,必须进行哪些改革、经历哪些锤炼才能结束对美国的依赖,并使欧盟具备一定的行动能力,成了欧洲人思虑的事情。但德国这时并没有扮演更重要的角色。

第四章

执中之权：
德国政治的新挑战和旧弱点

欧洲计划的政治化悖论和强中心需求

随着欧债危机的爆发，德国在联合起来的欧洲中新的政治分量才真正显现出来。经过辩论，对南欧国家援助方案的数量、筹资和条件明确下来了，融资比例以欧元区国家的经济实力为指针，德国必须筹集到所需资金的四分之一，否则将承担援助方案相关的风险。想要知道为什么是这样，只消看看欧盟预算的分摊情况和公开的经济表现数据就行了。有些人确实指出了两者之间的联系，但这种见解并没有引发政治上的争论，更不消说在欧洲一级展开的政治辩论了。潜藏的知识只有在成为政治冲突的一部分时，才会变得富于杀伤力。南欧债务危机爆发时就是这种情况。在预备向希腊提供财政援助的当口，德国政府协同世界银行和国际货币基金组织提出条件，要求危机国家必须承受改革进程，逐步克服债务增长的结构性原因。一方面，从德国人的角度来看，这是一种有条件的帮助意愿，它在德国政坛引发了相当大的动荡，并最终导向了政党谱系的相应变化；另一方面，在受援国的大部分人看来，这是对他们国家主权的侵犯，是对民主的破坏，是柏林强加于人的财政和经济诰令，而且很快就有人指责德国人此时正试图用他们的经济力量来实施其未能通过军事暴力成功做到的事情，即实现对欧洲的统治。这些指责众口一词，称德国正在走向"第四帝国"。"第四帝国"的表达是一个谴责性口号，它把德国当前的政策跟希特勒的纳粹主义"第三帝国"相提并论，从而使其失去正当性。这种指责大体而言并不新鲜，在两德统一之后不久就有了（Schwarz, 1994: 226-239），不过现在，它不再局限于少数知识分子和政治光谱上左翼或右翼政治团体的口号，甚至在南欧社会的中间地带也已深入人心。历史，特别是1933年至1945年的历史，被用来抵制德国的附加条件的援助政策，这是联邦共和国的核心弱点。

德国政府不想成为欧洲更严格财政政策的唯一精神导师。它下了一些功夫，在这种场合也采用了

第四章 执中之权：德国政治的新挑战和旧弱点

长期以来的做法，对实质上基于德国倡议的设想不亲自去推行，而是让政治上不那么脆弱的行为者来执行。传统上，这一直是德国和法国之间合作的一项重要内容（Weidenfeld, 2014: 68 f.），而在欧债危机中，欧洲央行、世界银行和欧盟，也就是所谓的"三驾马车"，都被德国拉了进来。三者的任务是，在支付新的财政拨款之前审查有关国家在改革和巩固公共财政方面取得的进展。然而，德国人的政治计算并未奏效，原因之一是，在关于国际金融援助的可行性及其附随财政风险的辩论中，德国必须"表明自己的立场"（Farbe bekennen）。如此一来，那些议论德国干涉他们国家事务的人就从德国政治家的发言或大众报纸头条那里找到相应的话头了。这些言论本来是为防止民粹主义政党在捐助国德国崛起而进行的口水战，现在反而成了受援国日益得势的民粹主义分子的弹药。始终与欧洲计划的进展绑定在一起的财政转移，就这样被政治化和丑化了，本应推进欧洲一体化进程的单一货币，也在极短的时间内变成了一个对欧洲组织来说非常危险的炸弹。本以为是向心力的东西，却有可能变成离心力。特别是在南欧，欧元被描绘成德国人意图借之对欧洲建立非正式统治的工具，殊不知推出欧元的目的恰恰是为了通过单一货币来结束德国马克和德意志联邦银行的准霸权地位。

确实,在引入欧元之前,德国方面曾推动通过了一些规则,旨在使欧元成为与 20 世纪 50 年代以来的德国马克一样稳定的货币。这些规则包括将每年的新债务限制在经济产出的 3% 以内,以及将国家债务总额限制在国民生产总值的 60% 以内(Gehler, 2014: 248f.)。如果人们肯接受,这就是一个把欧洲经济带到基于德国模式的轨道上去的根本决断,尽管德国本身在引入欧元时,也未满足这些标准。最初这些规则并没有受到任何抵制,因为正是南方国家希望通过这些规则使他们获得更便利的信贷,从而加快经济增长,而德国也不符合自己所定标准的情况在南欧地区制造了一种人们不会太严肃对待这些规则的预期。法国方面,鉴于欧洲央行和德国联邦银行对法国的影响有所不同,法国人关心的主要问题是让前者接过后者作为德国货币监管人的权力;德国方面,如若欧元不能承诺像马克那样稳定,德国人民肯定不会接受共同货币。所以,欧元是一个妥协的结果,这类妥协现今在整个欧洲计划中屡见不鲜。引入欧元无疑不属于德国为获得欧洲霸主地位而进行的"第三次尝试"中的密谋。问题反而在于,在引入欧元后的前几年,德国的财政政策甚至无法(也不愿意)维持 3% 的新增债务标准,这就损害了柏林在欧债危机中要求他人遵守马斯特里赫特标准的说服力。直到这时,许多南欧的政治家才

第四章 执中之权：德国政治的新挑战和旧弱点

意识到他们在引入欧元后被卷入了一个什么样的计划。为了避免陷入困境，他们现在声称，这些标准不过是德国人为了统治欧洲而采取的手段罢了。

如果观察得更仔细一些，我们就会明白，即使在经济问题上，不论过去还是现在，德国的欧洲政策绝不像有些人认为的那样，以无条件地维护自身利益为目的。不可否认，自欧共体成立以来，从欧洲共同市场的建立中受益最大的是德国。德国这样的出口导向型工业国家一直不同于许多欧洲邻国（Hüther, 2014: 69f.），当邻国不能采取保护主义措施封锁其市场以抵御进口时，德国就能从中受益。另一方面，德国从一开始就是欧洲计划的最大净捐助国，至今仍是，如果以成员国的经济实力和财富为基础来测算，德国的捐助按比例也远高于其他国家。德国在欧洲共同市场上相对较大的优势始终抵偿着其相对较高的欧洲计划贡献额。虽然几十年来人们都清楚这一点，但对之没有进一步讨论，直到民粹主义政党在欧洲最终也在德国崛起，它才成为政治争论的话题。结果是，在德国进行政治辩论必须强调共同市场和共同货币的优势，以免把阵地让给它们的批评者。这就又带来了另一项后果，那些对德国在欧洲的角色持批评态度的外国人士会从上述辩论中获得启发。人们可以将此现象称为欧洲计划的政治化悖论：从欧洲政治角度看是合理的事，为了在各自的母国动员政治支持，必须用尖锐的言辞把它包装起来，而这种言辞被其他成员国听到后，又将导致政治上的误解、隔阂的加大乃至公然的敌意。只要欧洲的联合仍是一项精英计划，那么这种政治化的悖论也就不足为奇，精英们既知道欧洲计划的优势，又了解它的成本，对此不必显得大惊小怪。

一项政治理论的模型分析表明，欧洲计划并非不可能因为这种政治化悖论而失败，毕竟，一些成员国越是"在布鲁塞尔"倾向于妥协，其政府就越是必须要"在自家"强调它们所追求和（据称）实现的是自己国家的利益，而这又导致另一些传统上本就不太愿意妥协的国家更不愿意"在布鲁塞尔"妥协。所以居间调解的难度就进一步加大了，结果是"布鲁塞尔"和"自家"之间的剪刀差越来越大。这种状况将一直持续到系统因此崩溃为止。要想阻止这个势头，必须在两方面发力：必须停止激化彼此间的不信任，同时必须阻止行动上的政策和口头上的政治言论之间差距的进一步扩大。不可否认，只有当行为者成功地突破政治化悖论时，这才有可能实现。这就要求一个国家（甚至是一个成员国集团）将自己视为准制度化的平衡者和调解人，不仅要承担起这一角色，而且还要公开地对外向其他成员以及对内向本国民众展示这一角色。从目前的情况看，该角色的扮演者只有德国。当然，其他

第四章 执中之权：德国政治的新挑战和旧弱点

国家也可能从旁支持。首先是重振旗鼓的法国，长远来看，波兰也有可能，但若不是德国，欧盟将不会有中心，也不可能有中心。德国是执中之权。然而仅仅占据这个位置还不够，德国还必须有能力应对相关挑战。为此，德国政界和公众必须认识、理解和接受这些挑战。

政治化悖论所指涉的东西，用"中心"概念及其相关的一揽子术语来讲，就是离心力如何变得越来越强，而向心力在试图驯服离心力的过程中如何不可避免地越来越弱。在这一发展过程中，只要离心力在某一时刻变得过于强大，政治联盟就会解体。联盟解体的后果不一定是还原为组成它的个别单元，也可能分裂成为一些更大的板块，它们彼此会越来越疏远，甚至产生强烈的敌意。这种发展是如何进行的，上文已经以罗马帝国和加洛林帝国的解体为例作了说明。拉丁基督教和东正教在东方的教派分立，以及拉丁基督教分裂成天主教和新教，都属于更进一步的例子。不过，因为历史类比往往具有误导性而不是启发性，我们只想就离心力及其后果作举例说明，不会停留在此处。在罗马帝国分裂以及教会两次分裂时，缺少一个可以承担起调解和平衡任务的中心，而在加洛林帝国崩溃时，中心又太弱了，洛塔尔皇帝和他的继任者们让中心担负维持相对于西法兰克和东法兰克王国霸权地位的任务，但其实际可用的力量和资源仅够完成调解承自查理大帝之统治的三个继承王国之间关系的任务。在下文中，我们将再次谈到这个问题。

德国人应从历史中学到什么

就德国在欧洲的角色而言，"以史为鉴"这句话可以有很多含义，然则其中有两点格外重要。

首先，20世纪上半叶的德国人将其欧洲中心地位遭到挑战的情况误解为在欧洲建立霸权的机会，甚至是一种必要，而今天的德国人应把欧洲中心地位的意外回归理解为承担调解和斡旋作用的邀请。这也意味着他们将成为施瓦茨所谓的"欧洲中央力量"，但这不是他们意图和追求的结果，是"居中"的平衡和整合的效果将不可避免地把他们带进这个位置。因此，像民粹主义所抗议的那种对中心角色的理解，所谓德国人为欧洲做出了牺牲、在经济上把自己榨干的说法，根本不着调。相反，从技术上讲，不如说他们是在进行权力类型的换算：他们投入经济力量，换回了政治权力。

这与德国特定的权力资源储备相适应，今天的德国拥有强大的经济实力，政治实力则相对较弱。相比之下，德国以前的霸权政策侧重于将军事力量

第四章 执中之权：德国政治的新挑战和旧弱点

转化为政治力量。就算不谈这种政策第一次失败、第二次酿成灾难的事实，德国如今也已不再拥有过剩的军事实力，按照目前的事态也不会再次拥有。此外，如前所述，军事实力的要素价值已大幅下降。就这一点来说，那些继续对德国外交政策的军事化提出警告的人是在跟过去的形势作斗争。与他们的判断大相径庭，今天的德国全然是一个后英雄主义社会（Münkler, 2006: 338ff.）。所以，对中心新的认识是符合德国国情和能力的。这既会增进德国的利益，也有利于欧洲的凝聚。

其次，"以史为鉴"还意味着，以其在欧盟内部所处的位置，德国根本不能再回避任何问题，或干脆把某些挑战留给其他成员国去处理。在阵营对抗时代尤为联邦德国（也包括民主德国）所主张的自身的特殊作用，自阵营消失以来已荡然无存。统一后的德国必须明白，没有谁还会批准或接受两个德国因身处前线而为自己争取的酬庸。这些额外红利已经被一笔勾销了。人们甚至还期待德意志联邦共和国做出可圈可点的贡献，特别是在欧洲南部和东南部周边地区的稳定方面，如果它不去做，也没有人代劳。

这里呈现出一种所谓的双重效应：如果德国不采取行动，就会危及欧洲采取行动的能力，然后德国因此丧失追求自身利益的机会。最近德国不参加主要由英法支持的干预利比亚的行动,证明了这一点的破坏性有多大。眼下不能说利比亚的政治形势因卡扎菲的倒台得到了改善,事实恰好相反。但在当时,德国政府并没有提出对暴动一方进行空中支援的替代政策,而是局限于袖手旁观。简言之,德国之前同意了干预的决定,但后来又不参加干预,这说明它不具备远见卓识和政治理智。同时,这样做还会给自己招致指责,说因为它的退出使欧洲共同行动受阻,并促使了利比亚国家的崩溃。这种指责是否公允可以暂不评论,仅仅是能够提出这种指责,就具有政治意义。我们并不要求联邦德国必须始终、处处支持和参与军事部署,但它不能对军事行动起先表示赞成,尔后却又作壁上观。安全政策危机事态的发展要求执中之权做出的决定不自相矛盾,采取的行动前后一致。德国在这两方面都需要再历练。

美国从欧洲撤离导致对中心的重估

德国因其经济权重而在财政和经济政策上位居要津,但在安全政策上并不具备类似的体量,它缺少足够的军事砝码使其处于这种地位。由于其他一些因素的作用,特别是美国逐步卸下对欧洲的安全

第四章 执中之权：德国政治的新挑战和旧弱点

责任，情况有所改变。四十余年来，联邦德国一直都是美国安全输出的主要受益者，如今它必须自己作为安全输出者来行事了（Bierling, 2014：26ff.）。虽然事态早在20世纪90年代就已经呈现出这种发展势头，但到现在才进入公众意识。俄乌危机作为加速器，将这种变化及其对欧洲权力格局的影响以整幕大剧呈现在人们面前。俄乌危机的实例展示了欧盟的东扩是如何将德国带入欧洲的中心位置，以及身处此境的联邦共和国是如何将自己逐渐转变为执中之权的。

俄罗斯"吞并"克里米亚和它对乌克兰东部分离主义分子的大规模军事支持（Mitrokhin, 2014）对不同欧洲人造成的影响是极为不同的。波兰和波罗的海国家感受到了直接威胁，那里有时甚至还笼罩着一种气氛，认为它们自己可能成为俄罗斯新政策的下一个受害者，但是顿巴斯发生的事件对西班牙和意大利的影响却不大，从安全政策的角度看，它们并不觉得遭遇了挑战。对它们来说，最大的挑战其实是越来越多从地中海对岸涌入欧洲的难民。鉴于此，只要乌克兰危机不属于北约的联盟性事务，而是由欧盟来负责，南欧人对它就没有多大兴趣。然而，只有当俄军踏入北约某个成员国的领土时，俄罗斯的挑战才会成为联盟性事务。由于乌克兰并非北约成员国，乌克兰危机就像之前在格鲁吉亚发生的事那样，谈不上联盟性事务。

但是，俄罗斯给欧洲边缘地区带来的不稳定局面对欧洲人来说确实是个挑战，他们必须有所回应。于是欧洲安全组织和欧盟轮流处理俄乌危机，德国政府则在将欧洲各国的不同利益诉求汇合到一个共同点上发挥了（并将继续发挥）关键作用。波罗的海国家和波兰担心咄咄逼人的俄罗斯，所以将其描绘为墙上恐怖的幽灵，南欧国家面临的问题完全不同，几乎不受俄罗斯政治影响；欧盟中的一些中欧国家，如匈牙利、保加利亚等，在某些方面还包括捷克，皆秉持更加友俄的态度。因此，执中之权往昔和今日的任务都是给欧洲人找到一条共同路线，既让那些感到受俄罗斯威胁的国家能同意，也让那些远离克里米亚和顿巴斯的国家能赞成，而且不会令友俄的欧盟成员国回避共同的政策。这个具体事例凸显出了在欧盟内部寻找平衡和驯服离心力的一般性问题。最后还有一项任务，那就是不要中断与俄方的对话，为俄罗斯恢复与欧盟合作敞开大门，同时防止乌克兰东部局势进一步恶化。随着美国放弃在乌克兰问题上的主导地位，这项任务理所当然地落到了联邦德国身上。

历史是德国的政治软肋，尤其是第二次世界大战期间德国人对东欧发动的焦土战争，是用来限制德国政府行动能力以及质疑德国作为调解者和仲裁

第四章 执中之权：德国政治的新挑战和旧弱点

人是否适格的一种手段，这在欧债危机等场合已经屡试不爽。但在俄乌危机当中，历史没有被摆到台面上来，这对当前局面的形成也起了一定作用。鉴于此，我们应该简单看一看之所以没有大打历史之牌的大略原因。波兰、波罗的海国家和乌克兰方面，尤其是俄罗斯，本来都可以拿这张牌出来发难。波兰和波罗的海国家也许会揭出 1939 年 8 月希特勒-斯大林条约的"幕后密谋"，以敦促德国人对其安全承担特殊义务（Snyder, 2014），但它们并没有公开这么做。它们大概认为，这种特殊责任反正已经存在于德国决策精英的意识当中了，公开的告诫并不能实质性改善它们的处境。美国在乌克兰危机中没有统一和加强"西方"的立场，而是袖手旁观，因此新的"中心格局"开始愈加重要，这也是导致有关国家放弃公开劝诫的原因。从另一方面看，一旦美国介入安全政策，中心的立场就会失去意义。乌克兰并未要求德国提供特别支持的原因可能是，一旦把二战问题扩大化，反而也会有损自己在欧洲其他国家那里的形象；俄罗斯政府的做法最近乎炒作德国在两次世界大战中的扩张政策，但也仅限于称其对手乌克兰为"法西斯分子"，避免将这种指责引向德国政治。俄罗斯人满足于保留在西方进一步加强制裁的情况下动用这个话题的潜在可能，但在其他方面，他们则小心翼翼地避免断绝与德国的关系，避免进一步危及他们在德国民众中享有的同情分。俄罗斯政治精英似乎是最早适应欧洲新的权力平衡的那批人之一。不管怎样，俄罗斯的分量将有利于德国作为欧洲政治结构新中心的地位。

"执中之权"的安全政策指针

154　　德国政治是否抓住了乌克兰危机给它的机会，在克服危机和限制战争方面发挥了领导国家的作用？是否满足了作为执中之权的要求？尽管由于双方仍在继续进行战争准备而使得这些问题尚不能有结论性答案，但是德国行动的基本结构可以被辨识出来了。这些结构很重要，因为它们可能发展成一种决定德国未来安全政策的路径依赖。德国安全政策的主导方针是绝不用军事手段解决与俄罗斯的冲突，这也是为什么在欧洲调动各种力量以反制俄罗斯的行动框架中，军事力量只起到非常次要作用的原因，毕竟俄罗斯依然是一个核大国。如果欧盟想要实现自己的政治意愿，今后对付俄罗斯就得继续限于动用经济和意识形态手段。由此可见，冲突不可能在短期内一劳永逸地解决，需要做的是去限制它，防止局部的有限冲突或战争升级为"大面积失火"。首先须关注的任务是阻止军事暴力蔓延到临近地区。

第四章 执中之权：德国政治的新挑战和旧弱点

从一个以和平稳定和经济繁荣为导向的后英雄主义社会的角度来看，这种"临时"解决方案可能并不令人满意，特别是对历史学家孔策（Eckart Conze）口中的自第二次世界大战结束以来就一直在"寻求安全"的民族来说更是如此（Conze, 2009）。但这已经是在特定情况下所能实现的最优解了。这意味着在欧洲的边缘地区，特别是在文化上边界不明确的政治空间，有一些长期无法消除的"永冻"冲突，组织起来的欧洲不得不适应这样一个现实。对这些冲突最好的处理方式就是让它们保持"永冻"状态。遏制冲突还包括给政治"凝聚态"降温，让它留在当地，不要升级为欧盟和俄罗斯之间的新冷战，所以执中之权所要遵循的第二个安全政策指导方针是：除了要让冲突降温，还要将其限制和冻结在一定空间内。这是从执中之权的自我理解中直接衍生出来的结果，由于和外围大国的关系将普遍降温，它的回旋余地会更加局促。

总体来看，德国近几个月的政策算是遵循了这两个指导方针。其相对成功的关键是抵制住了如下两个诱惑，否则它的平衡行动将功亏一篑。第一个诱惑是任由外部挑战升级，使它成为在欧债危机中进行内部整合的一个契机。古罗马政治视对外部敌人的恐惧为稳定内部的机会，并以"metus hostilis"（外敌）为名屡次利用（Walter, 2015: 71-125）。不考虑成功概率的话，对付欧债危机引发的离心力最简便的做法就是把外部威胁应用于"欧洲内部"，但事实上这将挑起新的"冷战"，虽然本来想的是从内部团结欧洲，所以无论该政策有多大的成功机会，它都会给欧洲带来不可估量的高昂代价，因此执中之权必须抵御工具化利用"metus hostilis"的诱惑。

德国政治抗拒的第二个诱惑是，利用乌克兰危机，越过一些中欧国家来发展德俄之间的特殊关系。对德国方面来说，这一诱惑可能不算特别大，但俄罗斯方面却多次加以策动。如果在这个诱惑面前举手投降，就意味着德国将重走上述16世纪至20世纪欧洲政治格局中合纵连横政策的老路。这么做会被贴上"拉帕洛"（Rapallo）的标签，并可能唤起人们对德国企图将中欧置于其霸权之下的最坏记忆。在"拉帕洛"政策的设想中，中心一方面处在包围圈的威胁之下，另一方面寻求打破包围圈的办法。它所理解的执中之权，不是一个拥有多种选择的位置，而是以一个极易遭受非难和损害的位置。德国政治并没有跟随这种认识倾向，客观上它也完全没有这样做的基础。毕竟，如果执中之权想要成功地推行它的政策，就必须相信自己，并对自己的近邻有信心。

许多评论家批评欧盟，认为它应对俄罗斯"吞并"克里米亚以及军事支持顿巴斯分离主义分子等

第四章 执中之权：德国政治的新挑战和旧弱点

事态的乌克兰-俄罗斯政策（实质上形成于德国之手）软弱无力且过于宽容。这些批评高声要求，应该更早、更果断地给俄罗斯人划定"红线"，要"让他们看清界限"。不过，谁划了"红线"，当然也得有能力保证"红线"得到尊重，否则它就赌输了自己的威信，等于邀请对方再上前几步，反正越过"红线"也不会有什么后果，或者说能使用的招数都已经使用过了，不可能再加码。此外，欧盟希望东扩到什么程度也是这里涉及的问题。在过去十年来的多轮扩张之后，欧洲计划是否应该自我设限？设限，一方面是为了避免"帝国式过度扩张"的风险，另一方面是为了与东部的大邻国，亦即俄罗斯，共同建立一种关系，使得双方都避免不断采取新的扩张计划，导致欧盟和俄罗斯边界之间的中间地带愈加缩小，甚至变成直接边界。在这种情势下，双方可以就相互认可的势力范围或是就两个大空间秩序之间的中间地带固定为永久缓冲区达成谅解。如果能以某种方式实现这些设想，之前被冻结起来的冲突也就有了通过双方协商而解冻甚至化解的可能。这种情况发生的概率当然取决于双方是否能够重建信任，而促成该信任是执中之权的一项真正任务。

规范准则和政治审慎

这种空间上的自我设限,以及通过相互承认势力范围来与强大邻国达成政治协议,难道不是限制了人民的自决权吗?对这个问题的回答是无条件肯定的,它当然构成了一种限制。我们举一个天马行空的例子。斯洛文尼亚人民决定加入美利坚合众国,成为它的一个联邦州,但该决定不可能落实,即使是以压倒性的多数赞成票通过,因为斯洛文尼亚在地理上并不位于美洲。显然,人民的自决权受制于地域,而且这种限制不是说想跳过就能跳过的。加勒比地区在19、20世纪之交曾向美国提出过类似要求,但也遭到了冷遇,虽然这个地区距美国在地理上不存在太大的限制。其原因在于,美国奉行了一种自我限制的政策,拒绝纳入政治文化和社会经济上的异质空间。欧盟如今也面临着类似的挑战。作为一个法制安定、政治自由和经济繁荣的空间,欧盟对周边国家的国民具有巨大吸引力,使得这些国家萌发加入欧盟的潜在意愿。因此,欧盟具有帝国的特征,在其边缘地带始终有一些政治行为者希望从外部跨一步进入欧盟内部(Zielonka, 2006: 164ff.; Posener, 2007: 75ff.)。这种加入的兴趣同样也受制于

第四章 执中之权：德国政治的新挑战和旧弱点

不断变化的政治权力关系，正如刚刚在乌克兰的例子中我们所看到的那样。在帝国的边缘地区，是想属于帝国还是留在帝国之外，各种政治和经济利益集团之间存在着争议，如果让这些国家加入欧盟，将带来大量的不稳定因素。然而从长远来看，如果将不稳定因素排除出去，比将不稳定因素纳入进来所造成的危险性更大，即加入的成本低于不加入的成本，那么还是可以（而且或许应该）让它们加入。问题的答案取决于某个国家希望加入的政治共同体的安全政策考量，与人民的自决权无关。最终决定是否加入的不是申请人，而是被申请加入的实体。夸张一点说，人民的自决权必须排在战争与和平问题之后。

这就勾勒出了一项进一步的任务。执中之权当然不必独自决定加入或不加入的问题，因为这仍是并且仍将是联盟所有成员国的事务，但它可以甚至必须对讨论和决策进程预先加以安排，同时要顾及帝国的过度扩张问题和安全政策的成本效益计算问题。在关于候选国加入或不加入的辩论中，所有其他国家都可以追求自己的利益，唯独执中之权必须牢记联盟的整体利益。中央权力的这种面向共同利益的取向是可能的，因为它的特殊利益与整个联盟的共同利益最为一致（Münkler/Bluhm，2001）。这种自我利益与共同利益的兼容，是对执中之权的理想定义。人们也可以把这个问题换个角度表述：如果邻国通过自己的（适格的）多数决定就能拥有不受限制的加入权，联盟所信靠的共同利益取向就会受到损害，它带来的是无法承受的高昂代价。

不过，民主联盟不能对其邻国的命运及其实现政治稳定和经济繁荣的机会漠不关心，这是规范性自我义务的内容。美国的加勒比政策遭受指责便是出于这个原因。像欧盟这样的一个强大和富足的行为体，必须为其边缘地区的稳定和繁荣投资。这绝不仅仅是一种道德义务，也是一种富有政治智慧的举措。但这种联盟在空间上的规模越大，位于某一端的边远成员国就越缺乏对维稳的要求作出相应承诺并为此提供必要资源的兴趣。以葡萄牙和西班牙为例，它们对摩尔多瓦、德涅斯特河左岸和乌克兰的命运的关心极为有限。而对位于相关边缘地带的成员国来说，情况就大不相同了，因为它们直接受到周边国家崩溃和内战的影响。调处这两者的关系自然是执中之权的任务。在俄乌危机中，德国的政策在一定程度上取得了成功，它并没有让对手亦即俄罗斯从欧盟内部的明显分歧中赚取到任何重要的政治资本。很显然，俄罗斯想利用这种分歧，也进行了试探。所谓成功，最起码是避免让自己失败或让对方成功。

第四章 执中之权：德国政治的新挑战和旧弱点

持中政治：在克制与犹豫、深谋与软弱之间

总结一下德国在欧债危机和俄乌冲突中行动的基本要素，可以得出其在未来几年为完成作为执中之权的任务而应遵循的政策特征：等待和观望，而不是急于求成；在作出政治决断之前，要经过长时间的思考和研究。相应地，也就免不了总是招致犹豫不决、缺乏果断的指责。执中之权必须处理好这种指责，方能完成特定使命并克服与之相关的难题。欧洲的中央权力必须主导欧盟成员国共同意志的形成过程，必须确保最终有尽可能多的成员国遵循商定的路线，以使在任何情况下都不会形成诱发强大离心力的集团或派系。这并未从根本上排除欧洲中央权力有时为推动决策过程而不得不采取果断行动的可能性，但鉴于共同意愿属于必要条件，独断将是例外，而非常态。德国在欧洲必须既发挥领导作用，又必须以审慎的方式寻求最广泛和最持久的支持。唯有如此，才能发挥向心力的约束作用，对抗一再出现的离心力。

审慎谈判和缜密思考的政治不应该与犹豫不决和优柔寡断混为一谈，应避免任何指向这一方面的印象。面向欧盟内部来说是如此，面向其外部伙伴

和对手来说,也是如此。在欧盟内部,谈判进程在一定时间后必须结束,不能无限期进行下去,而对外部来说,不应带给它们欧洲是一个优柔寡断和缺乏行动能力的主体的观感。此外,这不仅适用于"政治",也适用于"市场",即适用于与大型投资者和投机者相关的事务上。在组织意志凝聚和决策过程中,执中之权并不孤立,它与欧盟委员会以及欧洲议会合作。这种合作对它来说在某种情况下可能是便利,但在别的情况下也可能是妨碍。原则上,执中之权的政府必须采取"亲欧"态度。欧盟可以承受外围成员对欧洲计划的怀疑甚至是疏远,但如果联盟的中心也是这种态度,它就无法承受了。如果中心是一个"疑欧"的政权,那么,欧洲组织即便可以挺过一个立法周期,也只能到此为止。之后,它就会像前面提到的帝国和教会的分裂一样步向解体。这意味着,执中之权的选民必须比外围成员国的选民更加亲欧、更相信欧洲计划的优势才行。因此,在关注联盟整体利益的同时,中心权力的民族国家政府也不能忽视本国人民的利益,否则不仅会危及自己的权力,也会危及欧洲计划的政治支持度,这对执中之权将造成灾难性后果。将联盟的整体利益与中心权力大多数选民的特殊利益结合起来,是一种政治平衡术,唯有当欧洲计划的长期利好深深植根于民族国家选民的意识中时,这种平衡术才会成功。在德国选民中,欧洲意识表现得最为强烈和可靠,而在欧洲计划另外两个大创始国法国和意大利的选民中,右翼民粹主义和左翼民粹主义倾向已持续活跃了十余年,欧洲和其他欧盟成员都是它们敌视的对象。从这一点来说,也只有德国在可预见的未来能够可靠地站稳执中之权的位置,因为只有德国的绝大多数选民对民粹主义抱有抵触情绪。抵制民粹主义,是在欧洲扮演执中之权角色的前提。在这个意义上,执中之权自身选民中日益滋生的民粹主义是其阿喀琉斯之踵。

德国的三大战略弱点

德国作为欧洲执中之权的第一个战略弱点是:不能百分之百肯定德国选民始终像过去那样保持对民粹主义的抵制。以欧债危机为标志,在德国对南欧有关国家提供援助的观感下,选择党(AfD)崛起,兴起于德累斯顿的"Pegida"运动也取得了惊人成功,这可能预示着一场影响深远的变革。直言不讳地讲,基民盟作为德国的欧洲党,作为德国政党格局中最坚定、最有力的欧洲计划倡导者,同时又是德国利益的坚定捍卫者,到目前为止表现得很成功。结果是没有位置留给比基民盟更右的"疑欧"民粹主义政党,至少它们还没有谁能进入联邦议院(译注:选择党已于2017年大选后进入联邦议院)。这种情况现在可能不会再继续维持下去了。要做出可靠的预测还为时过早,但可以肯定的是,在平衡国家利益和全欧利益的过程当中出现的问题会越来越多。对基民盟,而且特别是对基社盟来说,采用民粹主义的套话和口号来防止选民转投选择党的诱惑在增加。这么做是否会取得想要的效果,我们无从预测。如果要跟选择党结成战术同盟,可能的话也只会在州一级。在联邦层面,这种联盟由于欧洲政治的原因将被排除。因此,基民盟在联邦层面的结盟战略上面临着与社民党过去十年来在结盟战略上同样的两难境地:鉴于德国在欧洲政治上的责任,与左翼或右翼政治力量结盟是不可能的,而与绿党联合的话,又无法取得执政必要的多数。大体而言,选择党对基民盟欧洲政策的态度和左翼党(Die Linke)对社民党外交政策的态度所产生的效果是一样的:在前两者之间和在后两者之间组建党派联合的任何企图都会遭到决定性反对。其结果是,德国在未来几年可能由基民盟和社民党的大联合执政。

我们目前观察到了一个"中心/中间导向"与执中之权的显著巧合:为了正确对待执中之权这个位置,从长期来看,必须由"中心/中间的联盟"来

第四章 执中之权：德国政治的新挑战和旧弱点

掌握它。乍一看，两者之间有着密切联系，相辅相成。在两个场景当中，政治家们都专注于谨慎地寻求协调和保持平衡，并不回避冗长的谈判过程。因此，在国家层面承担执政责任的政治家们看似已为执中之权应对欧洲政治的挑战准备好了一切先决条件。这无疑是一个有利的局面，然而它却包含着德国作为执中之权的第二个战略弱点：毕竟，中心/中间的联盟是会损耗的。对大联合的不满情绪在支撑这种联合的政党内部日益高涨，可以预见，今后政治人物的代际更替也必然伴随着政党战略意图的重新定位。与此同时，越来越多的选民开始厌倦老一套的政党联合，他们的反应要么是不参加选举，要么是改变投票行为，结果"中心/中间联盟"的支持度越来越低，也越来越脆弱。执中之权的欧洲政治任务成为民主变革的桎梏，阻碍了国内政治争论的发挥，可民主就是生长在这种争论里面，并在其中不断得到更新的。如果说上述第一个战略弱点是由内而外的，即公民的选举行为成为欧洲政治的阿喀琉斯之踵，那么第二个战略弱点则刚好相反，对欧洲政治责任成为国内民主变革的限制，甚至是封锁。

德国政治的第三个弱点，很可能也是最严重的弱点，是德国历史造成的。纳粹和种族意识形态的崛起、希特勒自 1938 年以来奉行的讹诈和"吞并"

政策、自 1939 年 9 月以来的侵略战争、德国国防军犯下的尤其是在对苏战争中的那些罪行，以及对欧洲犹太人的屠杀，这些在任何时候都有可能成为议题。欧洲计划之所以在战后西德得到了极大的支持和认可，也与人们希望摆脱民族耻辱感有关，他们不再觉得自己本质上是德国人，而是欧洲人。同时，欧洲计划是 20 世纪 50 年代到 60 年代德国人回归欧洲民族大家庭的唯一可行途径。于是原联邦德国形成了一种情感上的开放态度，让民族认同和欧洲认同相融，而在欧洲其他任何国家都不存在类似的情况。德国人那时对欧洲计划堪称诚心诚意，但法国人、意大利人以及比利时人和荷兰人眼中的欧洲计划仍然是一种战略计算，即可以借此建立一个经济区来克服其国内市场的界限，从而为弥补欧洲在 20 世纪上半叶因两次战争与美国拉开的生活水准差距创造条件。从这个意义上说，欧共体的创始成员国在跨入欧洲计划时就已各怀心思，期望和观点都不一样。它们的共同分母是，对不远的过去保持沉默，并坚定地望向未来。在直视前方的目光中，过往和历史持续隐秘地在场。心照不宣地对之保持沉默无疑是欧洲计划能够成功的重要前提，否则有罪的指责、怨恨和不信任就会出来挡路。毕竟纳粹也有欧洲想象（Neulen, 1983; 1987），为了不在政治上和道义上污染战后推行的欧洲计划，这些思想被明智地忽

第四章 执中之权：德国政治的新挑战和旧弱点

略了。

伴随着权力和影响力的提升，德国在欧盟中最终取得了领导地位。它自然而然会对某些成员国提出期待和要求，或是让另一些成员国感到失望。在这种情形下，沉默的共识也动摇了。此后，1933年至1945年的德国历史被屡次提出用来挫败德国政府的欧洲政策及削弱它在欧盟中所代表的立场。这种转变——德国历史从原本不是一个公共议题到被用于从道义上攻击和否定德国立场——究竟是在何时发生的，很难确定。虽然英国的街头小报一直在操弄这种把戏，但由于它们历来如此，而且对待其他国家跟对待德国差不多，所以它们的做法没有太大政治意义。除此之外，它们大多数时候是在庆祝英国对德国在体育上的胜利，或者是消化德国对英国在体育上的胜利，并非代表英国方面对德国提出诉求。

意大利在贝卢斯科尼上台后，情况就不一样了。英国人把矛头指向德国的军国主义时，无非纠缠于一些民族恩怨的陈词滥调，还不乏对本民族的嘲讽，但意大利媒体及其背后的政客对德国的指责却极为严厉。批评德国往往被用来掩盖意大利在欧洲的相对衰落及政治声誉和影响力的明显丧失。意大利的衰落和德国影响力的增长——起初被法德轴心所掩盖——是互为因果的。这在意大利已经激起了极大反感,德国人却基本上毫无察觉。贝卢斯科尼和他的支持者利用了这种反德情绪,欧洲议会议员舒尔茨(Martin Schulz)和联邦总理默克尔都承受了压力。德国和意大利的关系直到20世纪80年代和90年代初还以双边利益和睦邻友好为底色(Rusconi, 2003:293ff., 330ff.),现在由于意大利方面的推动,两者之间产生嫌隙。一些意大利知识分子对此进行了坚决的斗争,但他们的努力徒劳无功(Bolaffi 1995:16 ff.)。那些似乎早已愈合的伤口,比如第二次世界大战最后两年德国在意大利的游击战,被再次撕开,从而使德意关系遭受到需要多年才能修复的破坏。更重要的是,意大利的一些政客和记者把这扇门打开后,跟着一拥而入的还有别人。要点名的是法国的一部分左派,他们想借着批评德国之便来推销他们的新保护主义政策;更多的是希腊政治阶层中的一大批人,包括记者和知识分子,他们希望通过重提德国二战时对希腊的占领来反击德国推动采取的加给他们国家的紧缩措施。

批评德国在欧盟中的地位,理由和动机或许千差万别,但也有个十分明显的统一模式:"布鲁塞尔"原先是对欧洲建制组织颟顸小气的官僚主义的泛称,德国人也这么叫(Enzensberger, 2011),但现在,对"布鲁塞尔"普遍弥漫的不满落到了"柏林"头上。对"柏林"可以进行更加精准的攻击,

第四章 执中之权：德国政治的新挑战和旧弱点

"柏林"也更适合作为他人问题和困难的替罪羊。指责20世纪上半叶的德国历史，构成了批评德国的基调，这包括炒作德国在二战期间的战争罪行、对联邦德国提出赔偿要求，还包括将德国政治家画进谴责性漫画，让他们戴上纳粹时期的徽章，其目的通常是为了抵御德国等改革劳动力市场的主张和对更严格预算纪律的呼吁，并拓宽自己在欧盟内部的政治回旋余地。这些掺杂着民粹主义的保护主义宣传甚至会撼动欧洲共同市场的基础，即1950年代为了克服难以摆脱的经济困境和消除必须处理的社会动荡而出台的一些决定。总之，对德国在欧盟的所谓霸权的批评，从侧面支援了右翼民粹和左翼民粹退回封闭民族国家的鼓吹和煽动，德国历史被对欧盟缔约条件和财政援助条件感到不悦的政客们策略性地用于论战。德国，或者说是其历史上的一个片段，成为撬动欧盟规章制度从而为自己行方便的杠杆。

"弱势霸主"作为欧洲中心问题的解决之道

根据上述情势，人们可能得出结论认为，德国不仅不适合扮演执中之权的角色，还应当把自己限制在过去践行的多少还算成功的做法上，亦即幕后操盘（leading from behind）。幕后操盘意思是指去施加影响，而不是带头领导，在提出期望和要求时保持克制，偶尔对不符合自身利益的计划和发展进程施加阻挠时，也要自我限制。事实上，这种态度在德国颇受青睐，有人认为它的效果一直以来都很好。这无疑是正确的。然而问题是，允许这种政策能够执行下去并取得不错成绩的局面已经不存在了。如果德国希望将这种状态维持下去，就得确保它所依据的那种局面继续维持，还必须阻止好几轮入盟谈判，特别是涉及南欧和东欧的。德国政治没有选择这条道路，相反，在欧盟北扩和东扩问题上，它充当了候选加入国的辩护者和支持者。这当然不仅仅是受利他主义动机的驱使所致，也是为了借欧盟规模增大而改变身为东北边缘国家的处境。有意也好，无意也罢，德国现在已经站在了执中之权的位置上，必须应对得宜。它别无选择，因为别的国家在这里也代替不了它。

唯一可以想象的替代方案是重启柏林－巴黎轴心。不过在这样一个轴心中，法国将不再扮演它以前的主导角色。德国政治家应该努力让这个轴心恢复运转，哪怕只是出于减轻正当性负担的考虑，正如他们在俄乌危机中所做的那样。眼下的问题是，法国人是否会同意不再扮演二重奏中第一小提琴手的角色，而是满足于至少在经济上当一个小伙伴。

第四章 执中之权:德国政治的新挑战和旧弱点

原则上,法国还可以选择与意大利人和西班牙人建立更密切的关系。法国时任总统萨科齐曾以"地中海联盟"的名义短暂地推进过与它们的合作计划,但由于伙伴之间的利益分歧,未能取得进展。法国有可能首次成为某种联盟关系中的相对弱势方。对于法国这个巴黎-柏林轴心中曾经的两强之一来说,现在这个弱势角色是否具有吸引力,不免存疑。如果法国重启地中海计划,必然会促使某种北海-波罗的海计划的出台以作为制衡,如果英国还继续保持欧盟成员国身份,那么该制衡计划将以柏林-伦敦为轴心。就此而言,把英国留在欧洲共同体中对德国来说事关重大,它几乎会为此尽一切努力,这样不仅可以增加德国的选择余地,从而巩固它作为执中之权的地位,还可以削弱"地中海联盟"对法国的吸引力,从而降低欧洲在政治上分为南北两个板块的可能性。英国留欧的决定性力量也是德国,这也表明德国在多大程度上把持了执中之权的位置。

也许上述弱点当中的第三项,即德国的历史脆弱性,根本不是什么障碍,而是接受德国在欧洲发挥领导作用的一个前提条件。其他两种弱点往往会出现在任何占据这一位置的行为者身上,唯独这一点是德国特有的。由于数十年来深耕于中心(Münkler, 2010: 215ff.),德国或许比其他大国都能更好地处理其他两项弱点。德国与它们的不同之处是其 1933 年至 1945 年间的历史,正是这段历史使联邦德国比欧洲其他任何国家都要脆弱。欧洲各国可能更不愿接受一个政治清白的行为体作为其核心力量,因为它们担心会就此跟一个"不会退出的霸权"纠缠不清。正是这个脆弱的、始终也自认为脆弱的大国能够托付给欧洲执中之权的任务,而不会像历史上司空见惯的那样随即形成针对它的反霸权联盟,企图破坏它的地位并利用一切机会反击它的行动。也正是在考虑到欧洲历史的情况下,欧盟成员国只愿接受一个弱势霸主,一个它们认为必要时可加以遏制的霸主,而一个明白自己的脆弱并对此时时有所感知的霸主,通常也不会霸道行事。近来那些呼吁德国在欧盟中应发挥更大领导作用的成员国政治家们,应该是明白这一点的。

"弱势霸主"一词道出了欧盟政治领导的困境和矛盾。欧洲需要领导,但它又不想被领导;欧洲越大,就越需要一个领导,但同时对这种领导的抵制就越强烈。原则上这些是无法解决的矛盾。鉴于此,一些观察家和评论家预言欧盟的未来是不确定的。因为成员国之间有利益冲突,最初也找不到居间人和调解人,欧洲计划从开始就一再濒临失败。但是,德国政治家一次又一次成功通过谈判达成了妥协,并通过向共同体财政注入额外资金,使冲突各方愿意接受妥协。在很长一段时间里,这就好似对(西欧)欧洲共同体的"赎买"和对第二次世界大战损失和伤痛的"补偿",而从今天的角度看,这可以理解为执中之权角色的长期预先演练。

"执中之权"的两大问题域

这里面涉及的当然不仅是对通过艰苦谈判从各方争取到的妥协进行财政补贴的问题。目前,尤其是在南欧居民眼中,原来的"金主"(Zahlmeister)已经变成了严苛的"监工"(Zuchtmeister)。但这只是夸大其词罢了。之所以出现这种夸张的说法,部分原因是用词上的押韵,部分原因是对德国在欧盟中作用的误解。如果说谁承担了布鲁塞尔预算的最大数额,和其他大成员国比起来也就承担了相对更高的份额,谁就是"欧盟的金主",那么它过去是德国,现在仍是德国。人们只消想想撒切尔时代英国在欧盟中坚持设下的"英国折扣"或是在欧洲计划启动初期谈判达成的流向法国不成比例之高的农业补贴份额就行了。然而在今天,执中之权已经不能再局限于扮演财政补偿者的角色,它的作用必须包括坚定的政治领导和经济领导。

欧洲组织已经太大、太复杂了,执中之权再也无法继续奉行幕后操盘那一套舒适的传统政治操作,必须要以前所未有的更大决心确保各项条约得到尊重，注意不让联盟在自满中透支自己，方能不至于与世界经济的蓬勃发展脱节。长远来看，只有做好扮演"监工"角色的艰苦准备，才能当好"金主"。这是对执中之权的另一项规定：它必须兼顾两头，既要做"金主"，又要做"监工"，既要有意愿，又要有能力。

今天的欧洲无疑不再是曾经的世界经济中心，也不会再度成为世界经济中心。欧洲必须要注意的反倒是不要被推挤到世界经济的外围，不要被边缘化。也许这是执中之权义不容辞的最重要任务：在全球经济中保持竞争力，同时拉动其他欧盟国家一起跟上步伐。须注意，是要带着它们走，而不是赶着它们走。欧洲经济越来越高的相互依存度使德国人有机会实现上述目标。但是在这个过程中，政治只能起到辅助作用，因为它首先必然是经济本身的事。联邦德国在欧盟中占比极高的经济实力和德国经济在全球框架中的强势地位使之成为可能。当然，如此一来的后果是，任何对资本主义的批判——较长一段时间以来表现为对全球化的批判——无论过去还是将来，都往往是对德国及其在欧盟中作用的批判。德国在欧盟内部的地位因此颇类似于美国在全球层面的地位。这是它必须承担的新角色的一部分。

第四章 执中之权：德国政治的新挑战和旧弱点

我们将不得不放弃受到所有群体和所有个体欢迎的期待，因为这对要公正完成自身使命的执中之权来说是无法达到的。我们必须满足于被重视、被尊重乃至偶尔被敬佩，这就足够了。欲求不满必会令执中之权变得更加脆弱，应不惜一切代价加以避免。所以对于今后在欧盟边缘地带国家不断出现的反德示威和它们某些政客口中阴阳怪气的反德言论，我们不应感到惊讶或恼怒。尤其是德国新闻界应该明智地对待这些言论，无须立即将其解读为要求德国政治变革的紧急呼吁，而应认清它们的实质不过是与欧盟运作伴随的背景音乐和对执中之权履行其使命的反应罢了。

执中之权必须证明其领导能力，并不能再安逸满足于幕后操盘的第二个问题域，是外交政策和安全政策的广阔领域。欧洲人至少从20年前就想在这个领域做文章，但是收效甚微。俄乌危机就刚好表明，欧盟外交代表一职并不具备发挥预想作用所需的相应分量，以至于大成员国的外交部长不得不作为欧盟利益的代理人而介入。通过设置外交代表为欧洲谋取必要的安全政策权重的尝试，如果以俄乌危机为衡量标准来看，显然是失败了，最后还是由执中之权再次出面将欧盟成员国异质的立场和分歧的利益带到同一屋檐下。尽管德国因其自身的历史而脆弱，但它不能局限于一个单纯的主持人角色，而必须表现出自己的领导力,将果断和妥协的能力结合起来,找到解决冲突或至少冻结冲突的机会。政治上的单打独斗和优柔寡断,哪怕只是看起来如此,都属于需要规避的风险。在俄乌危机中,德国决策者展示了自己的解决之道,他们选择保持积极主动,并组织一轮轮新的会谈。

比较俄乌危机和黎凡特战争,即叙利亚内战、伊拉克的崩溃及伊斯兰国民兵在这一地带的惊人战绩,可以看出对执中之权政治行动灵活性的要求。黎凡特战争中有分工,一些欧洲国家参与了美国领导的联军,空袭了伊斯兰国在叙利亚和伊拉克北部的阵地,而德国则承担了为库尔德自卫军"佩什梅格"部队(Peschmerga)装备现代武器并培训他们使用这些武器的任务。由于美国人和欧洲人都认为,用自己的地面部队打击伊斯兰国民兵还不是时候,同时因为伊拉克军队已经崩溃,叙利亚自由军软弱无力,联军又不可能跟阿萨德政权的部队合作,所以库尔德部队就成了该地区唯一一支"有合作能力"的武装。德国提供的军火有助于提高其军事效能,就此而言,在功能上与对伊斯兰国据点的空袭效果是一样的。但是这么做有很大的政治风险,因为不能肯定佩什梅格战士在使用这些武器的时候会遵守交付时提出的限制条件,即只用于与伊斯兰国民兵作战,而不受这些装备的诱惑去做更多的事情,

第四章 执中之权：德国政治的新挑战和旧弱点

例如在叙利亚和伊拉克北部的部分地区、长远来看也包括在土耳其和伊朗领土上为建立自己的库尔德国家而战。至少对后一种情况我们不能掉以轻心，一旦库尔德人在其控制的伊拉克北部地区宣布建国，土耳其和伊朗可以想见必会军事干预。这将使黎凡特战争进一步越界，使整个地区陷入火海。

相较于俄乌危机，黎凡特战争更能暴露欧洲执中之权将来要面临的问题究竟是什么样的。面对黎凡特战争，关键不在于使欧洲行为者步调一致地采取某种路线，而是必须做出冒险的决定，而且这些决定是会实现还是会偏离预期目标，是说不准的。向库尔德人提供武器无疑是这样一个决定。鉴于伊斯兰国的军事进展及其利用恐怖处决视频向全球媒体发动的攻势，已经不能再等待和观望下去了，不过派遣自己的地面部队作为另一个选项，始终没有被认真考虑过。需要采取行动已变成被迫采取行动。这就是安全政策领导力量始终要面对的局面，它必须冒险做出决定，因此需要政治家们具备相应能力，能够在权衡各种代价后选择这样或那样的决定。政治决断与财富管理有着本质上的区别，但迄今为止除了少数例外，德国政治决策者做的事情都属于财富管理。随着德国逐渐进入执中之权的位置，其政治精英的既有形象在一些政策领域也将发生变化。

这是不无风险的，因为新型的政治家及担任其

185 助手的官员将不能再固守长期以来养成的守株待兔、坐享其成的作风。旧作风毕竟还有优势,它对于错误决定的容忍度较高,或者说错误决定对它来说在后果上较为可控。在新的外交政策决策和安全政策决策中,上述优势都将一扫而空。财政政策领域的情况其实也类似。然而,虽然新形势对勇于决断、善于决断的政治家寄予厚望,但也必须避免让赌徒类型的人进入政治领导层,就像过去几十年在部分金融行业发生的那样。在美国可以看到这类决策者从商界到政界的转移,至少是暂时性的转移,这种趋势对于世界大国来说不是什么好事。眼下的德国,不论从掌控的资源还是所要应对的挑战来说,和美国都不可同日而语,不过即使一个执中之权的决策涉及面和后果复杂性与全球帝国相比要小得多,通过美国的例子,我们仍然可以使人对个中风险有所了解。再者,"弱势霸主"的自我理解或许也可帮助德国政治应对这些风险,因为一旦意识到自己容易遭受非难,涉险的意愿也就没那么大了。不过总的来说,德国政治已不能再回避直面风险。

权力类型的组合

186 要想把执中之权的作用发挥到位,必然要不断

第四章 执中之权：德国政治的新挑战和旧弱点

调整权力类型的组合，以适应不断变化的挑战。如果按照先前的假设，将政治权力理解为经济、军事和意识形态或文化权力的产物，那么对德国来说，经济权力的可调用性目前并不是特别吃紧。不过经济力量这种权力类型仍然必须不断加以培养和维护，因为如前所述，德国在欧洲组织中的地位是以经济为基础的，经济力量是德国政府能够在欧盟内部胜任补偿者与平衡器角色的前提条件。如果没有德国这个净捐助国，欧盟的财政很快就会枯竭，这将使离心力难以驯服；如果没有作为全球经济行为体的德国，欧洲在世界经济中就会沦为二流角色。培育经济实力是德国作为执中之权的主要任务，但既然在这个位子上，就不可能处处都打经济牌而忽略了其他形式的力量。

从中长期来看，意识形态力量或文化力量肯定比军事力量更重要。这些是美国政治学家约瑟夫·奈（Joseph Nye, 2004）所说的软实力的核心，他认为这是性价比最高的权力形式。文化权力并不像军事那样通过强制，而是通过吸引来发挥作用。也就是说，要使用文化权力，不必先制造昂贵的胁迫工具。胁迫工具本身并不是生产性的，它只能起到保护生产部门的作用，相形之下，文化权力本身就是生产力，不论它是体现在文化活动还是学术活动中。文化的吸引力不仅能越过国家边界，还为一国内部的文化融合和生活在其中的人的（至关重要的）自信做出不可或缺的贡献。它不仅为寻求文化方向提供资源，也为寻求政治方向提供资源，它令所有参与其中或为维护它、繁荣它而献出力量的人在字面意义上感到自信（Selbstbewusstsein，自我意识）。执中之权向外辐射当然比对内用功更重要，从这个角度上说，与经济的力量比起来，文化的力量更能让中心显得是中心。文化力量使人们有可能体会到不同于商品和资本流动性的中心性，它把人的注意力引到某个确定的方向，谁的文化力量强大，谁就会创造出榜样，并对周边国家产生模范向导作用——当然不是对每个人都会有这种效果，但对于掌握解释权的重要精英群体来说是这样的。这一群体和决策者一道（偶尔也会与之相竞争），组织起了一个国家的政治认知模式和基本导向。

德国如果要在文化领域达到执中之权的要求，还须补做功课。要从大学对外国学生尤其是对欧盟国家学生的吸引力入手，最后以管弦乐团和歌剧院的声誉收尾。无论是谁，只要想成为或必须成为执中之权，都不能在这方面吝啬。文化的力量可能是催生向心力、对抗民粹主义离心力的最为经济划算的因素。人们诚然必须牢记，文化权力比起其他任何一种权力都更加与特定阶层有关，但这并不意味着它只触及社会的上层，而是说，影响社会上半层

第四章 执中之权：德国政治的新挑战和旧弱点

的文化部门不会当然影响社会下半层，反之亦然。这就解释了为什么在同一个社会中，对其他国家和文化的欣赏程度会有很大差异。要从全面的一揽子权力组合方案的意义上来考虑意识形态或文化的力量，考虑某个社会阶层会受到何种吸引。当然，这里必须马上加上一个限定条件，即政治对作为权力类型的文化的控制非常有限。政治可以通过适当的计划促进德国文学或学术文献翻译成别的语言，可以为推广电影提供经费等等，但它本身既不能产生好的文学作品或杰出的学术成果，也不能制造好的电影。它所能做的就是努力改善产生这些东西的条件。对外文化政策是德国政府长期以来忽视的政策领域。鉴于执中之权的位置，这方面还有非常多的工作要做。

还需要谈谈德国军事力量这一微妙的话题。其实，军事实力除了本国武装部队外，还包括一个强大的、与武装部队建立有中长期合作关系并为其更新装备的军火工业。虽然也能把军火工业完全归类为一种经济权力，但由于指导接收国士兵使用相应的武器通常也属于军备的一部分，所以军备会带来军事合作。信任关系和忠诚关系的建立也应纳入军事力量的范畴，特别是在盟友或合作伙伴之间。在欧洲离心力和向心力的平行四边形中，军事合作也是一个不容低估的重要因素。不过一般来说，军事力量指的还是武装部队及其作战能力,在这方面,德国与欧盟其他四个大国英国、法国、意大利和西班牙相比,并无突出之处,相反的是,英国和法国不仅军费支出相对较多,而且还拥有核武器。自从阵营对抗结束后,伴随着北约和欧盟的东扩,德国不断缩小联邦国防军的规模,一心一意地利用新的地缘政治形势("周围都是朋友")来累积"和平红利"。但今后的国防支出是否还能维持在占国民生产总值1.3%的水平,令人怀疑。

变化的速度有多快,至少取决于俄乌危机的进展和对俄罗斯政治的评估。如果结论是俄罗斯对欧盟东部边境将构成持久威胁,或者说俄罗斯人想用军事手段将俄与欧盟之间的间隔地带(白俄罗斯、乌克兰、摩尔多瓦)纳入其势力范围,那么德国可能将不得不再次提高其军事力量的权重。这的确将是一个不幸的发展,因为它必会占用本可被其他权力类型占用的资源,特别是那些对中心行为者的权力产出更有利的资源。但是,即便一个地区在政治上和经济上是统一的,其中央政权在权力组合的问题上也必会受其自身无法控制的情况所左右。试图改变,则有可能超出其权力和能力;如若无视,则长远来看将对政治行动的选择构成限制,从而使人质疑执中之权的地位。

限制难民从中东和撒哈拉以南非洲地区流入欧

第四章 执中之权：德国政治的新挑战和旧弱点

洲的能力，无疑是一个相关的例子。难民潮极可能会演变成为欧盟团结一致的最大挑战之一。欧洲既然明显不能接纳所有想进来的移民，那么它应同造成逃难和迁徙的根源性问题作斗争。对非洲国家提供包括开放市场在内的经济支持，在当地建立有效的医疗服务，尤其是培养和支持抵制腐败的当地政治精英，皆有重要意义。为了防止出现内战和基于种族动机的驱逐，有时也需要进行军事干预。不过动用军事力量只是防止内战的众多手段中的一种，而且其效果也是最短暂的。只有借助其他类型的力量，才能实现局势的长期稳定。作为执中之权，德意志联邦共和国今后必须在欧洲稳定计划的框架内参与这一切。德国自1918、1919年以来就没有殖民地的事实，将不能再作为袖手旁观的理由。总的来说，毫无疑问的是：以执中之权为中心的地区越是不卷入军事冲突，越是不需要抵御军事冲突的威胁，执中之权的影响力就越大。执中之权作为和平权力，最能维护自己的利益。当然，环境是否允许它这么做，则是另一回事。

参考文献

Agamben, Giorgio (2013): 》Seun impero latino prendesse forma nel cuore d'Europa《; in: La Repubblica, 15. 3. 2013.

v. Aretin, Karl Otmar (1993): Das Alte Reich. 1648 – 1806. Bd. 1: Föderalistische und hierarchische Ordnung (1648 – 1684), Stuttgart: Klett-Cotta.

Ders. (1997): Das Alte Reich. 1648 – 1806. Bd. 3: Das Reich und der österreichisch-preußische Dualismus (1745 – 1806), Stuttgart: Klett-Cotta.

Baberowski, Jörg (2003): Der rote Terror. Eine Geschichte des Stalinismus, München: DVA.

Bayer, Alexandra (2014): Das System Metternich. Die Neuordnung Europas nach Napoleon, Darmstadt: Primus Verlag.

Bayly, Christopher A. (2006): Die Geburt der modernen Welt. Eine Globalgeschichte 1780 – 1914, Frankfurt am Main/ New York: Campus.

Belobratow, Alexander W. (2014): 》Nikolai Jakovlevič Danilovski《; in: Böttcher (Hg.), Klassiker des europäischen Denkens, S. 402 – 406.

Bierling, Stephan (2014): Vormacht wider Willen. Deutsche Außenpolitik von der Wiedervereinigung bis zur Gegenwart, München: C. H. Beck.

Bolaffi, Angelo (1995): Die schrecklichen Deutschen. Eine mer kwürdige Liebesbeziehung, Berlin: Siedler.

Borgolte, Michael (2011): 》Christliche Welt und muslimische Gemeinde in Kartenbildern des Mittelalters《; in: Markschies u. a. (Hgg.), Atlas der Weltbilder, S. 119-131.

Bosbach, Franz (1988): Monarchia Universalis. Ein politischer Leitbegriff der frühen Neuzeit, Göttingen: Vandenhoeck und Ruprecht.

Böttcher, Winfried (Hg.) (2014): Klassiker des europäischen Denkens. Friedens- und Europavorstellungen aus 700 Jahren europäischer Kulturgeschichte, Baden-Baden: Nomos.

Brague, Rémi (1993): Europa. Eine exzentrische Identität, Frankfurt am Main/New York: Campus.

Ders. (1996): 》Orient und Okzident. Modelle 〉römischer〈 Christenheit《; in: Kallscheuer (Hg.), Das Europa der Religionen, S. 45-65.

Braudel, Fernand (1986): Sozialgeschichte des 15.-18. Jahrhunderts, Bd. 2: Der Handel, München: Kindler.

Bredekamp, Horst (2014): Der schwimmende

Souverän. Karl der Große und die Bildpolitik des Körpers, Berlin: Wagenbach. Cecere, Giulia (2006): 》Wo Europa endet: Die Grenze zwischen Europa und Asien im 18. Jahrhundert《; in: Christoph Dipper/Ute Schneider (Hgg.): Kartenwelten. Der Raum und seine Repräsentation in der Neuzeit, Darmstadt: Primus Verlag, S. 127-145.

Cobett, Justus (2010): 》Europabilder in der Antike und aus der Antike《; in: Drechsel u. a. (Hgg.), Bilder von Europa, S. 37-57.

Conze, Eckart (2009): Die Suche nach Sicherheit. EineGesc hichte der Bundesrepublik Deutschland von 1949 bis in die Gegenwart, München: Siedler.

Danilewski, Nikolai J. (1869/1920): Rußland und Europa. Eine Untersuchung über die kulturellen und politischen Beziehungen der slawischen und germanisch-romanischen Welt, Stuttgart/Berlin: Deutsche Verlags-Anstalt. Dehio, Ludwig (1947): Gleichgewicht oder Hegemonie. Betrachtungen über ein Grundproblem der neueren Staatengeschichte, Krefeld: Scherpe.

Diner, Dan (1996): 》Zweierlei Osten. Europa zwischen Westen, Byzanz und Islam《; in: Kallscheuer (Hg.), Das Europa der Religionen, S. 97-113.

Ders. (1999): Das Jahrhundert verstehen. Eine universalhistorische Deutung, München: Luchterhand.

Drechsel, Benjamin u. a. (Hgg.) (2010): Bilder

von Europa. Innen- und Außenansichten von der Antike bis zur Gegenwart, Bielefeld: transcript. Edmonds, Robin (1992): Die großen Drei. Churchill, Roosevelt und Stalin in Krieg und Frieden, Berlin: Siedler.

Elvert, Jürgen (2014): 》Constantin Frantz (1817-1891)《; in: Böttcher (Hg.), Klassiker des europäischen Denkens, S. 373-377. Englund, Peter (1998): Die Verwüstung Deutschlands. Eine - Geschichte des Dreißigjährigen Krieges, Stuttgart: Kle tt- Cotta.

Enzensberger, Hans Magnus (2011): Sanftes Monster Brüssel oder die Entmündigung Europas, Berlin: Suhrkamp.

Faber, Richard: Abendland. Ein politischer Kampfbegriff, Hildesheim: Gerstenberg Verlag.

Ferguson, Niall (2011): Der Westen und der Rest der Welt. Die Geschichte vom Wettstreit der Kulturen, Berlin: Propyläen.

Fieschi, Catherine/Morris, Marley/Caballero, Lila (Hgg.) (2013): Populist Fantasies: European revolts in context, London: Counterpoint.

Figes, Orlando (2003): Nataschas Tanz. Eine Kulturgeschichte Russlands, Berlin: Berlin Verlag.

Fröhlich, Stefan (1998): Zwischen selektiver Verteidigung und globaler Eindämmung. Geostrategisches Denken in deramer ikanischen Außen - und Sicherheitspolitik während des Kalten Krieges, Baden-Baden: Nomos.

Fuest, Clemens/Nettesheim, Martin/Scholz, Rupert (Hgg.) (2009): Lissabon - Vertrag: Sind die Weichen richtig gestellt? - Recht und Politik der Europäischen Union als Voraussetzung für wirtschaftliche Dynamik, Köln: Hanns MartinSchleyerStiftung. Gebhard, Gunther/Geisler, Oliver/Schröter, Steffen (Hgg.) (2010): Das Prinzip 》Osten《. Geschichte und Gegenwart eines symbolischen Raums, Bielefeld: transcript.

Gehler, Michael (2014): Europa. Von der Utopie zur Realität, Innsbruck/Wien: Haymon. Geppert, Dominik (2013): Ein Europa, das es nicht gibt. Die fatale Sprengkraft des Euro, Berlin: Europaverlag.

Gollwitzer, Heinz (1964): Europabild und Europagedanke: Beiträge zur deutschen Geistesgeschichte des 18. und 19. Jahrhunderts, München: C. H. Beck (2. , neu bearb. Aufl.) .

Ders. (1972): Geschichte des weltpolitischen Denkens. Bd. I: Vom Zeitalter der Entdeckungen bis zum Beginn des Imperialismus, Göttingen: Vandenhoeck und Ruprecht.

Görres, Joseph (1821): 》Europa und die Revolutionen《; in: ders. , Gesammelte Schriften, Bd. 13, Köln: Gilde 1929, S. 145-285.

Gujer, Eric (2007): Schluss mit der Heuchelei. Deutschland ist eine Großmacht, Hamburg: edition Körber-Stiftung.

Habermas, Jürgen (2011): Zur Verfassung Europas. Ein Essay, Berlin: edition suhrkamp.

Hacke, Christian (2003): Die Außenpolitik der Bundesrepublik Deutschland. Von Adenauer bis Gerhard Schröder, Frankfurt am Main/Berlin: Ullstein (aktualisierte Neuausgabe).

Henke, Klaus-Dietmar (Hg.) (2009): Revolution und Vereinigung. Als in Deutschland die Realität die Phantasie überholte, München: dtv.

Henningsen, Bernd (1993): Der Norden: Eine Erfindung. Das europäische Projekt einer regionalen Identität, Berlin: Öffentliche Vorlesungen der Humboldt-Universität, Heft 50.

Heuser, Beatrice (2010): Den Krieg denken. Die Entwicklung der Strategie seit der Antike, Paderborn u. a.: Ferdinand Schöningh. Heuss, Alfred (2003): Römische Geschichte, 9. Aufl. hg. von Jochen Bleicken, Werner Dahlheim und Hans-Joachim Gehrke, Paderborn u. a.: Ferdinand Schöningh.

Heydemann, Günther (2009): 》Großbritanniens Rolle und Politik unter Margaret Thatcher während der Wiedervereinigung Deutschlands《; in: Henke (Hg.), Revolution und Vereinigung, S. 485-496. Hildebrand,

Klaus (1995): Das vergangene Reich. Deutsche Außenpolitik von Bismarck bis Hitler, Stuttgart: DVA.

Hildermeier, Manfred (2013): Geschichte Russlands. Vom Mittelalter bis zur Oktoberrevolution, München: C. H. Beck.

Hillgruber, Andreas (1982): Hitlers Strategie. Politik und Kriegführung 1940 – 1941, München: Bernard und Graefe (2. Aufl.) .

Hipler, Bruno (1996): Karl Haushofer als Vater der NS-Ideolo gie, St. Ottilien: EOS.

Hudemann, Rainer (2009): 》Von alten Stereotypen zum neuen Eur opa: Frankreich und die deutsche Vereinigung《; in: Henke (Hg.), Revolution und Vereinigung, S. 497 – 508. Hüther, Michael (2014): Die junge Nation. Deutschlands neue Rolle in Europa, Hamburg: Murmann. Jacobsen, Hans – Adolf (1979): Karl Haushofer. Leben und Werk, 2 Bde. , Boppard am Rhein: Boldt.

Jaeckle, Erwin (1988): Die Idee Europa, Frankfurt am Main/ Berlin: Propyläen.

Jones, Eric Lionel (1991): Das Wunder Europa. Umwelt, Wirtschaft und Geopolitik in der Geschichte Europas und Asiens, Tübingen: J. C. B. Mohr.

Kaelble, Hartmut (1995): 》Europabewußtsein, Gesellschaft und Geschichte. Forschungsstand und Forschungschancen《; in: Rainer Hudemann/Hartmut Kaelble/Klaus Schwabe (Hgg.) , Europa im Blick der Historiker, München: Oldenbourg (= Beiheft 21 der Historischen Zeitschrift) .

Ders. (2001): Europäer über Europa. Die Entstehung des europäischen Selbstverständnisses im 19. und 20. Jahrhundert, Frankfurt am Main/New York: Campus.

Kallscheuer, Otto (Hg.) (1996): Das Europa der Religionen. Ein Kontinent zwischen Säkularisierung und Fundamentalismus, Frankfurt am Main: S. Fischer.

Kennedy, Paul M. (1974):》Mahan versus Mackinder. The Interpretations of British Seapower《; in: Militärgeschichtliche Mitteilungen, Bd. 16, Heft 2, S. 49-66.

Ders. (1989): Aufstieg und Fall der großen Mächte. Ökonomischer Wandel und militärischer Konflikt von 1500 bis 2000, Frankfurt am Main: S. Fischer.

Kjellén, Rudolf (1916): Die politischen Probleme des Weltkrieges, Leipzig: Teubner.

Köhler, Oskar (1985):》Abendland《; in: Staatslexikon der Görres-Gesellschaft, Freiburg/Br. u. a. : Herder, Bd. 1, S. 3-6.

König, Helmut/Sicking, Manfred (Hgg.) (2005): Gehört die Türkei zu Europa? Wegweisungen für ein Europa am Scheidewege, Bielefeld: transcript.

Koslowski, Peter/Brague, Rémy (1997): Vaterland Europa. Europäische und nationale Identität im Konflikt, Wien: Passagen Verlag. Kreis, Georg (2004): Europa und seine Grenzen, Bern/Stuttgart/Wien: Haupt Verlag.

Kugler, Hartmut (Hg.) (2007): Die Ebstorfer Weltkarte. Kommentierte Neuausgabe in zwei Bdn., Berlin: Akademie Verlag.

Leggewie, Claus (Hg.) (2004): Die Türkei und Europa. Die Positionen, Frankfurt am Main: edition suhrkamp.

LeGoff, Jacques (1994): Das Alte Europa und die Welt der Moder ne, München: C. H. Beck.

Leuschner, Eckhard/Wünsch, Thomas (Hgg.) (2013): Das Bild des Feindes. Konstruktionen von Antagonismen und Kulturtransfer im Zeitalter der Türkenkriege, Berlin: Gebr. Mann Verlag.

Lewis, Bernard: 》Die islamische Sicht auf und die moslemische Erfahrung mit Europa《; in: Kallscheuer (Hg.), Das Europa der Religionen, S. 67-95.

Lübbe, Hermann (1994): Abschied vom Superstaat. Vereinigte Staaten von Europa wird es nicht geben, Berlin: Siedler.

Mackinder, Halford J. (1904): 》The Geographical Pivot of History《; in: The Geographical Journal, Bd. XXIII, Nr. 4, S. 421-437.

Mahan, Alfred Thayer (1967): Der Einfluss der

Seemacht auf die Geschichte, 1660-1812. Überarb. und hg. von GustavAdolf Wolter, Herford: S. Mittler Verlag. Mann, Michael (1990): Geschichte der Macht, Bd. 1, Frankfurt am Main/New York: Campus.

Markschies, Christoph/Reichle, Ingeborg/Brüning, Jochen/ Deuflhard, Peter (Hgg.) (2011): Atlas der Weltbilder, Berlin: Akademie Verlag.

McMeekin, Sean (2014): Russlands Weg in den Krieg. Der Erste Weltkrieg - Ursprung der Jahrhundertkatastrophe, Berlin: Europaverlag. Miliopoulos, Lazaros (2014): 》Joseph Görres《; in: Böttcher (Hg.), Klassiker des europäischen Denkens, S. 309-316.

Mitrokhin, Nikolay (2014): 》Infiltration, Instruktion, Invasion. Russlands Krieg in der Ukraine《; in: Osteuropa, 64. Jg., Heft 8, S. 3-16.

Morris, Ian (2011): Wer regiert die Welt? Warum Zivilisationen herrschen oder beherrscht werden, Frankfurt am Main/New York: Campus.

Müller, Jan-Werner (2013): Wo Europa endet. Ungarn, Brüssel und das Schicksal der europäischen Demokratie, Berlin: Suhrkamp. Münkler, Herfried (1996): Reich - Nation - Europa. Modelle politischer Ordnung, Weinheim: Beltz-Athenäum.

Ders. (2005): Imperien. Die Logik der Weltherrschaft- vom Alten Rom bis zu den Vereinigten Staaten, Berlin: Rowohlt Berlin.

Ders. (2006): Der Wandel des Krieges. Von der Symmetrie zur Asymmetrie, Weilerswist: Velbrück.

Ders. (2009): Die Deutschen und ihre Mythen, Berlin: Rowohlt Berlin.

Ders. (2010): Mitte und Maß. Der Kampf um die richtige Ordnung, Berlin: Rowohlt Berlin.

Ders. (2012): Populismus in Deutschland. Eine Geschichte seiner Mentalitäten, Mythen und Symbolik, London: Counterpoint; engl. Version dieses Textes in Fieschi u. a. (Hgg.), Populist Fantasies. London: Counterpoint.

Ders. (2013): Der Große Krieg. Die Welt 1914-1918, Berlin: Rowohlt Berlin.

Ders./Bluhm, Harald (2001): 》Gemeinwohl und Gemeinsinn als politisch - soziale Leitbegriffe《; in: diess. (Hgg.), Gemeinwohl und Gemeinsinn. Historische Semantiken politischer Leitbegriffe, Berlin: Akademie Verlag.

Ders./Münkler, Marina (2000): Lexikon der Renaissance, München: C. H. Beck.

Neulen, Hans Werner (1983): Eurofaschismus und der Zweite Weltkrieg, München: Universitas Verlag.

Ders. (1987): Europa und das 3. Reich. Einigungsbestrebungen im deutschen Machtbereich 1939 - 45, München: Universitas Verlag. Nicolas - Sikora,

Jürgen (2014):》Conrad Georg Friedrich Elias von Schmidt-Phiseldek《; in: Böttcher (Hg.), Klassiker des europäischen Denkens, S. 297-302.

Nye, Joseph (2004): Soft Power. The Means of Success in World Politics, New York: Public Affairs.

Parker, Geoffrey (1987): Der Dreißigjährige Krieg, Frankfurt am Main/New York: Campus.

Polenz, Ruprecht (2010): Besser für beide: Die Türkei gehört in die EU, Hamburg: edition Körber-Stiftung.

Pomian, Krystof (1990): Europa und seine Nationen, Berlin: Wagenbach.

Posener, Alan (2007): Imperium der Zukunft. Warum Europa Weltmacht werden muss, München: Pantheon.

de Pradt, Dominique Dufour (1815): DuCongrès de Vienne, 2 Bde., Paris.

Priester, Karin (2014):》Europäische Kulturkämpfe. Die protestantische Ethik, der Populismus und die Macht des Vorurteils《; in: Indes. Zeitschrift für Politik und Gesellschaft, Nr. 3, Heft 2, S. 73-80.

Ranke, Leopold von (1824): Geschichte der romanischen und germanischen Völker von 1494 bis 1535, Leizig/Berlin.

Ritter, Gerhard A. (2006): Der Preis der deutschen Einheit. Die Wiedervereinigung und die Krise des

Sozialstaates, München: C. H. Beck.

Ders. (2009): 》Die Kosten der Einheit. Eine Bilanz《; in: Henk e (Hg.), Revolution und Vereinigung, S. 537-552.

Rusconi, Gian Enrico (2003): Deutschland – Italien. Italien– Deutschland. Geschichte einer schwierigen Beziehung von Bismarck bis Berlusconi, Paderborn u. a. : Ferdinand Schöningh.

Said, Behnam T. (2014): Islamischer Staat. IS-Miliz, al-Qaida und die deutschen Brigaden, München: C. H. Beck.

Schaeder, Hildegard (1957): Moskau das Dritte Rom, Darmstadt: Wissenschaftliche Buchgesellschaft.

Schieder, Theodor (1991): 》Typologie und Erscheinungsformen des Nationalstaats in Europa《; in: ders. , Nationalstaat. Studien zum nationalen Problem und modernen Europa, Göttingen: Vandenhoeck und Ruprecht, S. 65-85.

Schmidt, Rainer (2001): Die Wiedergeburt der Mitte Europas. Politisches Denken jenseits von Ost und West, Berlin: Akademie Verlag.

Schmierer, Joscha (1996): Mein Name sei Europa. Einigung ohne Mythos und Utopie, Frankfurt am Main: Fischer.

Schneider, Ute (2011): 》Weltdeutungen in Zeitschichten. DieEbstorfer Weltkarte《; in: Markschies

u. a. (Hgg.), Atlas der Weltbilder, S. 133-141.

Schöllgen, Gregor (1992): Die Macht in der Mitte Europas. Stationen deutscher Außenpolitik von Friedrich dem Großen bis zur Gegenwart, München: C. H. Beck.

Schultz, Hans-Dietrich (1987): 》Deutschland in der Mitte Europas. Eine Warnung vor der Wiederaufnahme alter Topoi aus geographischer Sicht《; in: GerhardBahrenberg u. a. (Hg.), Geographie des Menschen. Dietrich Bartels zum Gedenken, Bremen: Universität Bremen, S. 144-177.

Ders. (1991): 》Deutschlands 〉natürliche〈 Grenzen《; in: Alexander Demandt (Hg.), Deutschlands Grenzen in der Geschichte, München: C. H. Beck, 2. Aufl, S. 32-94.

Schulze, Hans K. (1987): Vom Reich der Franken zum Land der Deutschen. Merowinger und Karolinger (Das Reich und die Deutschen, Bd. 2), Berlin: Siedler Verlag.

Schwarz, Hans-Peter (1994): Die Zentralmacht Europas. Deutschlands Rückkehr auf die Weltbühne, Berlin: Siedler Verlag.

Seibt, Ferdinand (2002): Die Begründung Europas. EinZwisc henbericht über die letzten tausend Jahre, Frankfurt am

Main: S. Fischer. Sheehan, James (2008): Kontinent der Gewalt. Europas langer Weg zum Frieden,

München: C. H. Beck.

Siedentop, Larry (2002): Demokratie in Europa, Stuttgart: Klett-Cotta.

Simms, Brendan (2014): Kampf um Vorherrschaft. Einedeutsc he Geschichte Europas. 1453 bis heute, München: DVA.

Sloterdijk, Peter (1994): Falls Europa erwacht. Gedanken zum Programm einer Weltmacht am Ende des Zeitalters ihrerpolitisc hen Absence, Frankfurt am Main: Suhrkamp.

Snyder, Timothy (2011): Bloodlands. Europa zwischen Hitler und Stalin, München: C. H. Beck.

Ders. (2014): 》Als Stalin Hitlers Verbündeter war. Präsident Putin hat die Tradition der Angriffskriege in Europa wieder belebt《; in: Frankfurter Allgemeine Zeitung, 13. Dezember 2014, S. 8.

Sprengel, Rainer (1996): Kritik der Geopolitik. Ein deutscher Diskurs. 1914–1944, Berlin: Akademie Verlag.

Stollberg-Rilinger, Barbara (2014): 》Ein Reich, beherrscht von lauter Ausnahmen《; in: Frankfurter Allgemeine Zeitung, 11. Dezember 2014, S. 12.

Stürmer, Michael (1983): Das ruhelose Reich. Deutschland 1866–1918, Berlin: Siedler.

Szegedi, Edit (2014): 》Friedrich Naumann《; in: Böttcher (Hg.), Klassiker des europäischen Denkens,

S. 445-452. Szücs, Jesö (2014): Die drei historischen Regionen Europas. Mit einem Vorwort von Fernand Braudel, Frankfurt am Main: Verlag Neue Kritik.

Tocqueville, Alexis de (1987): Über die Demokratie in Amerika. Mit einem Vorwort von Theodor Eschenburg, 2 Bde. , Zürich: Manesse.

Ullrich, Volker (1997): Die nervöse Großmacht. Aufstieg und Untergang des deutschen Kaiserreichs. 1871-

1918, Frankfurt am Main: S. Fischer.

Vagts, Alfred (1942/1979): 》Die Chimäre des europäischen Gleichgewichts《 (1942); in: ders. , Bilanzen und Balances. Aufsätze zur internationalen Finanz und internationalen Politik, hg. von Hans-Ulrich Wehler, Frankfurt am Main: Syndikat, S. 131-160.

Walter, Marco (2015): Nützliche Feindschaft? Die äußere Bedrohung als Bestandsbedingung demokratischer Imperien, Paderborn u. a. : Ferdinand Schöningh.

Weber, Max (1918/1980): 》Parlament und Regierung im neugeordneten Deutschland《 (Mai 1918); in: ders. , Gesammelt e politische Schriften, Tübingen: Mohr-Siebeck, (4. Aufl.) S. 306-443.

Weidenfeld, Werner (2014): Europa. Eine Strategie, München: Kösel. Winkler, Heinrich August (2000): Der lange Weg nach Westen. Bd. 1: Deutsche Geschichte vom Ende des Alten Reichs bis zum Untergang der Weimarer Republik; Bd. 2: Deutsche Geschichte vom 》Dritten Reich《 bis zur Wiedervereinigung, München: C. H. Beck.

Ders. (2014): Geschichte des Westens. Bd. 3: Vom Kalten Krieg zum Mauerfall, München: C. H. Beck.

Wirsching, Andreas (2012): Der Preis der Freiheit. Geschichte Europas in unserer Zeit, München: C. H. Beck.

Zamoyski, Adam (2014): 1815 – Napoleons Sturz und der Wiener Kongress, München: C. H. Beck.
Zielonka, Jan (2006): Europe as Empire. The Nature of the Enlarged European Union, Oxford: Oxford University Press.